초급 스페인어 1

Español básico 1

초급 스페인어 1

Español básico 1

초판 1쇄 발행 2013년 8월 10일
초판 12쇄 발행 2019년 8월 20일

지은이 신자영 · 이만기 · 김은경 · Raimon Blancafort
펴낸이 오세정
펴낸곳 서울대학교출판문화원

출판등록 제15-3호

주소 08826 서울시 관악구 관악로 1
대표 전화 02-880-5252 | **팩스** 02-889-0785
도서주문 02-889-4424, 02-880-7995
이메일 snubook@snu.ac.kr
홈페이지 www.snupress.com

ISBN 978-89-521-1487-7 04770
978-89-521-1486-0 (세트)

초급 스페인어 1

Español básico 1

신자영, 이만기, 김은경, 라이몬 블랑카포르트

서울대학교출판문화원

책머리에

오늘날, 세계화 시대를 맞이하여 영어는 물론, 제2외국어 교육의 중요성이 날로 부각되고 있다. 이들 외국어 중에서 스페인어는 브라질을 제외한 라틴아메리카 대륙 대부분 국가(아르헨티나, 볼리비아, 칠레, 콜롬비아, 쿠바, 코스타리카, 에콰도르, 과테말라, 온두라스, 도미니카, 멕시코, 니카라과, 파나마, 파라과이, 페루, 엘살바도르, 우루과이, 베네수엘라, 푸에르토리코)와 스페인에서 모국어로 사용하고 있는 언어이다. 그 외에도 미국의 남부지역, 필리핀, 아프리카의 북부지역과 적도 기니 등에서 스페인어가 폭넓게 사용되고 있다. 전 세계의 스페인어 사용 인구는 대략 4억 이상으로 중국어, 영어 다음으로 사용자 수가 많다. 또한, 스페인어는 유엔을 비롯한 주요 국제기구들이 공용어로 채택한 언어로서 외교, 통상, 문화 등 국제교류 활동에서 사용이 보편화되어 있다. 영어를 위협할 정도로 스페인어가 날로 위세를 떨치고 있는 미국에서 외국어 강좌를 수강하는 전체 대학생 중에서 절반 이상이 스페인어를 선택하고 있다는 사실은 세계 속의 스페인어 위상을 보여준다고 하겠다. 특히, 멕시코에서 아르헨티나에 이르기까지 광활하고 자원이 풍부한 라틴아메리카 대륙은 21세기에 우리가 진출해야 할 지구상의 마지막 보루로서, 최근 우리나라와의 교역이 날로 증대되고 있다.

우리나라에서도 스페인어에 대한 수요는 최근 급격하게 증가하고 있으며, 대부분 대학에서 제2외국어 교양과목 중 학생들이 가장 선호하는 외국어로 급부상하고 있다. 이러한 국내의 수요에 발맞추어 대학 수준의 강의를 위한 적절한 교재의 필요성이 증가하고 있는 시점에 본 교재를 개발하게 되었다. 본 교재는 저자들의 수년간에 걸친 스페인어 교수법 연구 및 실제 강의 경험을 바탕으로, 국내외에서 가장 많이 사용되는 10여 종의 교재를 철저하게 분석하여 그 장단점을 취합하여 개발하였다. 본 교재는 다양한 영역에 학문적 수련을 받고 있는 대학생들이 비교적 짧은 기간 내에 스페인어로 의사소통할 수 있도록 하는 것을 궁극적인 목표로 삼고 있다. 이를 위하여 현대 스페인어의 기본적인 문법 구조와 기초 어휘를 비롯하여, 학생들이 적극적인 표현을 할 수 있도록 유도하는 연습문제를 많이 포함시켰다. 즉, 의사소통 활동을 개발하여 의사소통 중심의 강의가 될 수 있도록 하였다. 그 밖에도 녹음 파일과 함께 그림, 사진을 첨가하여 시청각적으로 학습자들이 교재에 친숙함을 느낄 수 있도록 하였다. 구체적으로, 〈초급 스페인어 1〉 교재는 언어 학습을 위한 유럽공통참조기준의 초급1(A1) 레벨을 기준으로 기초적인 의사소통에 필요한 어휘, 문법, 표현 등을 포함하였다.

본 교재는 2011년도 서울대학교 인문대학 교양외국어 교재개발 프로젝트에서 교재 개발팀이 구성되어 원고 초안이 작성되었으며, 이후 2년간 서울대학교에서 개설된 초급 스페인어 강좌를 맡으신 여러 선생님의 적극적인 의견개진과 수정보완 작업을 거쳐 출판의 결실을 맺게 되었다. 따라서 본 교재의 개발팀은 학생들의 만족도를 파악하고 교수자의 실질적 요구를 교재에 반영함으로써 교재의 완성도를 높이기 위해 적극 노력하였다. 그동안 교재를 개발하는 과정에서 꼼꼼하게 수정해 주시고 적극적인 도움을 아끼지 않으신 여러 선생님(박숙희, 정인태, 정선옥, 강성식, 최은경, 남영우, 김부자, 조영실, 박은영, 정동희, 이경민, 서은희, 최유정, 리킴하나, Claudia Macías, Dorlisca Hilares)께 진심으로 감사드린다. 또한, 훌륭한 삽화를 통하여 교재를 더욱 빛나게 해 준 오아름송이 양과 박수호 군에게도 고마움을 전한다. 마지막으로 서울대학교출판문화원에도 깊은 사의를 표한다.

2013년 8월

저자 일동

차례

ÍNDICE DE LECCIONES

초급 스페인어 1 교과 내용

과 / 제목	문법	의사소통 기능	문화
Lección inicial **Alfabeto y pronunciación** 알파벳과 발음	1. 스페인어의 알파벳 2. 스페인어의 발음	1. 스페인어 알파벳 익히기 2. 스페인어 발음하기	La lengua española y su alfabeto 스페인어와 알파벳
Lección 1 **Saludos y presentaciones** 인사와 소개	1. 인사 및 감사 표현 2. 소개할 때 3. 기타 표현들 4. 인사 대화문 5. 소개 대화문 6. 숫자 (0-10)	1. 인사하기 2. 이름 말하기 3. 소개하기 3. 전화번호 말하기 4. 이메일 주소 말하기	Nombres y apellidos en español 스페인어의 이름과 성
Lección 2 **En el aula** 교실에서	1. 명사의 성 2. 명사의 수 3. 정관사 4. 부정관사 5. 숫자 (11-20) 6. 형용사	1. 교실 관련 사물 말하기 2. 사물의 갯수 묻고 대답하기 3. 색깔 말하기 4. 사람과 사물 묘사하기	Comunicación no verbal 비언어적 의사소통
Lección 3 **¿De dónde eres?** 어느 나라에서 왔어요?	1. 주격 인칭대명사 2. Ser 동사의 용법 3. 부정문 4. 의문문 5. 국명과 국적 형용사 6. 숫자 (21-50)	1. 질문하기 2. 긍정과 부정으로 답하기 3. 직업과 직장 말하기 4. 성격과 외모 묘사 5. 국적 말하기 6. 자신의 신상 기록표 작성하기 7. 자신을 소개하는 글쓰기	El español en el mundo 세계 속의 스페인어
Lección 4 **En mi casa y en mi barrio** 우리 집과 우리 동네에서	1. estar 동사 2. estar와 hay 3. 위치의 전치사(구)와 부사 4. 장소 및 방위 물어보기 5. tener 동사의 현재형 6. 숫자 (51-100)	1. 사물의 위치 말하기 2. 사람과 사물의 상태 표현하기 3. 집과 방을 묘사하기 4. 방위 말하기 5. 동네 묘사하기 6. 소유 표현하기 7. 곱셈하기	Los idiomas del mundo hispánico 스페인어권 언어들
Lección 5 **La vida universitaria** 대학 생활	1. 규칙동사의 현재형	1. 하루 일과 묘사하기 2. 하루 일과 질문하고 답하기	Las fiestas en el mundo hispánico 스페인어권 세계의 축제들

과 / 제목	문법	의사소통 기능	문화
Lección 6 **Esta es mi familia** 우리 가족이에요	1. 지시사 2. 소유사	1. 거리에 따른 사물 지시하기 2. 소유 표현하기 3. 가족 묘사하고 소개하기	La familia y los amigos 가족과 친구들
Lección 7 **¡Feliz cumpleaños!** 생일 축하해!	1. 시간 표현 2. 어간모음 불규칙 동사: 'e' 모음 불규칙 동사 3. 서수 4. 숫자 (100-9.999) 5. 요일 및 날짜	1. 시간 말하기 2. 전공에 대하여 말하기 3. 학교의 시간표 말하기 4. 물건 값 묻고 답하기 5. 요일 및 날짜 말하기 6. 생일축하 노래 부르기 7. 빈도 표현하기	El horario habitual de los españoles 스페인 사람들의 일상 생활과 시간
Lección 8 **¿Qué tiempo hace hoy?** 오늘 날씨 어때요?	1. 어간모음 불규칙 동사 2. 1인칭 단수 불규칙 동사 3. 날씨의 표현 4. 숫자 (10.000 이상) 5. 필요나 의무를 나타내는 표현들	1. 동작 표현하기 2. 하루 일과 표현하기 3. 날씨 말하기 4. 계절 묘사하기 5. 물건 값 묻고 답하기 6. 대략의 숫자 표현하기 7. 의무, 필요, 금지 표현하기	Hipanoamérica, América Latina e Iberoamérica 이스파노아메리카, 라틴아메리카, 이베로아메리카
Lección 9 **¿Qué vas a hacer este fin de semana?** 이번 주말에 뭐해요?	1. Ir 동사 변화와 용법 2. 전치격 인칭대명사 3. 직접목적대명사 4. 간접목적대명사 5. 목적대명사의 위치	1. 장소 이동 표현하기 2. 가까운 미래 표현하기 3. 주말 계획 말하기 4. 취향 말하기 5. 교통수단 표현하기	Nuestras costumbres 우리의 관습들
Lección 10 **Me gusta jugar al fútbol** 나는 축구하는 것을 좋아해요	1. 감탄문 2. 전화대화 3. Gustar 동사 4. saber와 conocer 동사 5. 부사	1. 감탄 표현하기 2. 전화로 대화하기 3. 좋아하는 것 표현하기 4. 식사와 음식에 대하여 말하기 5. 아는 것 표현하기 6. 경험 표현하기	Las fiestas más populares en España 스페인의 유명한 축제들
ANEXO 부록	Lecturas de cultura 번역		연습문제 답안

Alfabeto y pronunciación

알파벳과 발음

1. 스페인어의 알파벳

알파벳	명칭	알파벳	명칭
A a	a [아]	**Ñ ñ**	eñe [에녜]
B b	be [베]	**O o**	o [오]
C c	ce [쎄]	**P p**	pe [뻬]
D d	de [데]	**Q q**	cu [꾸]
E e	e [에]	**R r**	erre [에레]
F f	efe [에페]	**S s**	ese [에쎄]
G g	ge [헤]	**T t**	te [떼]
H h	hache [아체]	**U u**	u [우]
I i	i [이]	**V v**	uve [우베]
J j	jota [호따]	**W w**	uve doble [우베 도블레]
K k	ka [까]	**X x**	equis [에끼스]
L l	ele [엘레]	**Y y**	ye [예] / i griega [이그리에가]
M m	eme [에메]		
N n	ene [에네]	**Z z**	zeta [쎄따]

참고 1994년 개정된 스페인 한림원(Real Academia Española)의 철자법에 따라, ch [che]와 ll [elle]와 rr [erre doble]는 독자적인 소릿값은 있으나 독립적인 문자로는 인정되지 않아 c와 l 그리고 r의 하위 항목으로 편입되었다.

2. 스페인어의 발음

1) 모음

a [a]	e [e]	i [i]	o [o]	u [u]
adiós	**e**spañol	**i**nteresante	**o**toño	**u**va

2) 자음

철자	발음	보기		
b	[b]	**b**ailar	ti**b**urón	**b**ueno
c	[k] [θ]/[s]	**c**asa **c**ena	**c**omer **c**ine	**C**uba
ch	[tʃ]	mu**ch**acho	**ch**ocolate	**ch**ina
d	[d]	**d**ía	**d**iente	Ma**d**ri**d**
f	[f]	**f**oto	**f**amoso	ca**f**é
g	[g] [x]	**g**ato **g**ente	**g**ota **g**igante	**g**usto
h	묵음	a**h**ora	**h**oy	**h**ola
j	[x]	**j**ugo	o**j**o	**j**amón
k	[k]	**k**ilo	**k**iwi	**K**enia
l	[l]	**l**ibro	pe**l**o	ma**l**o
ll	[ll]	**ll**ave	ca**ll**e	**ll**uvia
m	[m]	**m**a**m**á	**m**ano	a**m**or
n	[n]	**n**oche	**n**ido	**n**ada
ñ	[ɲ]	Espa**ñ**a	ma**ñ**ana	ni**ñ**o
p	[p]	**p**a**p**el	co**p**a	**p**adre
q	[k]	**q**uerer	**Q**uijote	**q**uince

철자	발음	보기			
r	[r] [rr]	cara rosa	pero Enrique	 Israel	 alrededor
rr	[rr]	perro	carro	ferrocarril	
s	[s]	sol	Salamanca	ensalada	
t	[t]	taco	tiempo	moto	
v	[b]	vaca	ave	vacaciones	
x	[ks] [x] [s]	examen México xilófono	taxi Texas		
y	[y]/[i]	yo	joya	hoy	
z	[θ]/[s]	zapato	zumo	zorro	

참고 'ch', 'll', 'rr'는 독립적 알파벳 철자는 아니지만, 독자적인 발음을 가진다. 자음의 발음은 지역별, 국가별로 차이가 있을 수 있다. 예를 들어, 중남미지역에서는 대체로 [θ]를 [s]로 발음하며, [ll]를 [y]로 발음한다.

'r'는 자음 'n, s, l' 다음에 올 때에 [rr]로 발음된다.

주의해야 할 자음의 발음 변화

/k/	/θ/ /s/	/g/		/x/
ca [ka] casa	**za** [θa]/[sa] zapato	**ga** [ga] gato	**gua** [gua] lengua	**ja** [xa] jabón
co [ko] color	**zo** [θo]/[so] zona	**go** [go] gota	**guo** [guo] antiguo	**jo** [xo] joven
cu [ku] Cuba	**zu** [θu]/[su] Venezuela	**gu** [gu] aguja		**ju** [xu] jueves
que [ke] queso	**ce** [θe]/[se] cebolla	**gue** [ge] Miguel	**güe** [gue] bilingüe	**je/ge** [xe] jefe/origen
qui [ki] quieto	**ci** [θi]/[si] ciudad	**gui** [gi] guitarra	**güi** [gui] lingüística	**ji/gi** [xi] ají/gigante

주의 gue, gui, que, qui에서 모음 u는 발음되지 않는다.
그러나 guo, gua에서의 모음 u는 정상적으로 발음된다.

3) 단어의 강세

강세는 음절 구조에 따라 규칙적으로 적용된다. 음절은 모음을 기준으로 나눈다.

> **보기** ca-sa, po-e-ma

일반적으로 하나의 모음은 하나의 음절을 이루지만, 이중모음과 삼중모음의 경우에는 두 개 이상의 모음이 한 음절을 구성한다.

> **보기** ciu-dad, len-gua

(1) 규칙적 강세: 철자상 강세 표시가 없다.

① 모음으로 끝나는 단어나, 자음 n, s로 끝나는 단어는 뒤에서 두 번째 음절에 강세를 준다.

casa	tarea	lengua
lunes	origen	cumpleaños

② 한 단어가 n, s 이외의 자음으로 끝나면, 단어의 마지막 음절에 강세를 준다.

cantar	Madrid	reloj
internacional	profesor	

(2) 불규칙적 강세: 철자상 강세 표시가 있다. 강세 표시된 음절을 강하게 발음한다.

adiós	árbol	café
teléfono	pájaro	nación

4) 이중모음과 삼중모음

① 강모음인 'a, e, o'와 약모음 'i, u'가 연달아 오면 이중모음이 되어 한 음절과 같이 짧게 발음한다. 약모음이 두 개가 연속하여 올 때에도 한 개의 모음처럼 발음한다.

• 약모음 + 강모음 / 약모음

ia	piano	**ie**	nieve
io	Dios	**iu**	ciudad

ua	agua	**ue**	bueno
uo	antiguo	**ui**	cuidado

• 강모음 + 약모음

ai	aire	**au**	autor
ei	veinte	**eu**	deuda
oi	oigo	**ou**	bou

이중모음 'ou'는 스페인어에서 거의 쓰이지 않으며 외래어를 표기하는 데에만 쓰인다.

주의 '강모음 + 강모음'은 한 모음이 한 음절을 이룬다.
예) pa-se-o, a-e-ro-puer-to

이중모음 구조에서 약모음에 강세가 오면 두 음절로 분리된다.
po-e-sí-a, o-í-do, dí-a, pa-ís, rí-o

② 강모음인 a, o, e의 앞뒤에 약모음 i, u가 올 경우 하나의 모음과 같이 빠르게 발음하며, 하나의 음절로 간주한다.

iai	estudiáis	**iei**	cambiéis
uai	Paraguay	**uei**	buey

연습문제 1

다음 철자에 해당하는 단어를 적고 발음해 보세요.

1. a, u, ele, a, ese
2. ce, ele, a, ese, e
3. e, ese, ce, u, e, ele, a
4. e, ese, pe, a, eñe, o, ele
5. u, ene, i, uve, e, erre, ese, i, de, a, de
6. a, ele, u, eme, ene, o, ese
7. e, ese, te, u, de, i, a, ene, te, e
8. eme, a, e, ese, te, erre, o

연습문제 2

다음 단어들의 철자를 읽고 발음해 보세요.

> **보기** Juana → jota, u, a, ene, a

1. Juan
2. Miguel
3. José
4. Pedro
5. Cristina
6. Claudia
7. María
8. Alfonso
9. Ana

연습문제 3

이중모음이나 삼중모음을 찾아 표시하고 발음해 보세요.

1. ciudad
2. iglesia
3. país
4. tierra
5. Asia
6. agua
7. Europa
8. aire
9. lengua
10. Uruguay
11. Paraguay
12. Ignacio

> 'y'로 끝나는 단어의 경우 자음으로 끝나는 것으로 간주하여 단어의 마지막 음절에 강세를 둔다.

연습문제 4

다음 단어들의 강세에 유의하면서 발음해 보세요.

1. lección	2. clase	3. aeropuerto
4. niño	5. español	6. tango
7. restaurante	8. guitarra	9. flamenco
10. salsa	11. real	12. hotel
13. taco	14. paella	15. quesadilla

'lección'처럼 자음 'c'가 연달아 두 개 오는 경우에 앞의 'c'는 [k]로 발음된다.

연습문제 5

다음 사진에 나오는 글자를 읽어 보세요.

1

2

3

4

5

6

연습문제 6

각자 자신의 이름의 철자를 말해 보세요.

¿Cómo se escribe tu nombre?

보기 Park, Sunwoo → pe, a, erre, ka, ese, u, ene, uve doble, o, o

연습문제 7 **Expresiones habituales en clase**

수업에 쓰이는 유용한 표현들입니다. 읽어 보세요.

¿En qué ejercicio estamos? 몇 번째 문제를 풀고 있습니까?	Página 9, ejercicio 3. 9쪽, 세 번째 문제.
Habla más alto, por favor. 크게 말해 주세요.	¿Puedo ir al servicio? 화장실에 가도 될까요?
¿Cómo se dice / se llama esto en español? ~을 스페인어로 어떻게 말합니까?	¿Se escribe con ~ o con ~ ? 철자는 ~로 씁니까 아니면 ~로 씁니까?
¿Qué significa ~ ? ~은 무슨 뜻입니까?	Lo siento, pero no lo entiendo. 미안합니다, 하지만 이해하지 못했습니다.
Más despacio, por favor. 천천히 말해 주세요.	Lo siento, no lo sé. 미안합니다, 모르겠어요.
¿Cómo se escribe ~ / se deletrea ~ ? 철자가 어떻게 됩니까?	¿Podemos usar el diccionario? (우리가) 사전을 봐도 될까요?
Muy bien. 좋습니다.	Bien hecho. 잘했어요.
¿Hay alguna pregunta? 질문 있습니까?	¿Qué es esto? 이것은 무엇입니까?
¡Atención! Silencio, por favor. 주목! 조용히 해 주세요.	Repetid / Repitan después de mí, por favor. 내 말을 따라 하세요.

CULTURA

La lengua española y su alfabeto

La lengua española, que se llama también castellano, es una lengua muy importante. El español es el idioma oficial de veintiún (21) países en el mundo.

El idioma español tiene sus orígenes en el latín. El alfabeto, abecedario o abecé, es el conjunto de las letras del idioma español. El alfabeto español tiene veintisiete (27) letras o grafías, veintidós (22) son consonantes y cinco (5) son vocales.

Mayúscula	Minúscula	Mayúscula	Minúscula	Mayúscula	Minúscula	Mayúscula	Minúscula
A	a	B	b	C	c	D	d
E	e	F	f	G	g	H	h
I	i	J	j	K	k	L	l
M	m	N	n	Ñ	ñ	O	o
P	p	Q	q	R	r	S	s
T	t	U	u	V	v	W	w
X	x	Y	y	Z	z		

¿VERDADERO O FALSO?

Contesta:

	V	F
1. El español es un idioma usado solo en España.	☐	☐
2. El alfabeto español tiene 19 letras.	☐	☐
3. El alfabeto español tiene 5 vocales.	☐	☐
4. El alfabeto se llama también abecedario.	☐	☐

Viaje al mundo hispano

EL INGENIOSO HIDALGO DON QVI-
XOTE DE LA MANCHA,
Compueſto por Miguel de Ceruantes Saauedra.
DIRIGIDO AL DVQVE DE BEIAR,
Marques de Gibraleon, Conde de Benalcaçar, y Baña-
res, Vizconde de la Puebla de Alcozer, Señor de
las villas de Capilla, Curiel, y
Burguillos.

Año, 1605

CON PRIVILEGIO,
EN MADRID Por Iuan de la Cueſta.
Vendeſe en caſa de Franciſco de Robles, librero del Rey nro ſeñor.

돈키호테(El Quijote) 초판

스페인 한림원(Real Academia Española)

마드리드(Madrid)
스페인 광장의 돈키호테 동상

Saludos y presentaciones

인사와 소개

녹음을 듣고 빈칸을 채워 보세요.

En la universidad: dos estudiantes nuevos

Pedro:	¡Hola! ¿____ __?
María:	¡Hola!
Pedro:	¿Cómo te llamas?
María:	___ _____ María Pérez. ¿Y tú? ¿Cuál es __ ______?
Pedro:	___ _______ es Pedro García.
María:	Encantada de conocerte.
Pedro:	_________.

En la biblioteca de la universidad: dos compañeros de clase

David:	María, ¿cuál es el _____ _________ del profesor López?
María:	A ver... ¡Ah, sí! Su correo es lopez@gmail.com.
David:	¿Cómo __ ______?
María:	Se escribe L-O-P-E-Z.
David:	¡______ ______!
María:	¡De nada!
David:	¡Hasta otro día!
María:	¡Vale! ¡_____ ______!
David:	¡Adiós!

Diálogo

En la universidad: dos estudiantes nuevos

Pedro: ¡Hola! ¿Qué tal?
María: ¡Hola!
Pedro: ¿Cómo te llamas?
María: Me llamo María Pérez. ¿Y tú? ¿Cuál es tu nombre?
Pedro: Mi nombre es Pedro García.
María: Encantada de conocerte.
Pedro: Igualmente.

En la biblioteca de la universidad: dos compañeros de clase

David: María, ¿cuál es el correo electrónico del profesor López?
María: A ver... ¡Ah, sí! Su correo es lopez@gmail.com.
David: ¿Cómo se escribe?
María: Se escribe L-O-P-E-Z.
David: ¡Muchas gracias!
María: ¡De nada!
David: ¡Hasta otro día!
María: ¡Vale! ¡Hasta pronto!
David: ¡Adiós!

Vocabulario

encantada de conocerte 만나서 반가워
correo electrónico 이메일
arroba 앳 마크 @
escribe escribir, 쓰다
¡vale! 좋아 / 알았어
¡adiós! 잘 가요
igualmente 마찬가지로
a ver~ 어디 좀 보자 / 잠시만
punto 점, 마침표
hasta otro día 다른 날 보자 / 다음에 보자
¡hasta pronto! 곧 만나요

Expresiones útiles

1. ¿cuál es ~?: ~이 뭐예요?

¿Cuál es tu nombre?

¿Cuál es el correo electrónico del profesor López?

2. me llamo~: 제 이름은 ~예요.

Me llamo María.

3. hasta ~: 작별 인사

¡Hasta pronto!

¡Hasta otro día!

Preguntas de comprensión

1. ¿Cuál es el apellido de María?
2. ¿Y el apellido de Pedro?
3. ¿Cuál es el nombre del profesor?
4. ¿El correo electrónico del profesor López es de gmail?
5. ¿Cómo se escribe el correo electrónico del profesor?

라만차(La Mancha) 지방의 풍차

Expresiones y actividades

1. 인사 및 감사 표현

1) 인사말

만났을 때	헤어질 때
¡Hola! ¡Buenas! ¡Buenos días! (아침 인사) ¡Buenas tardes! (오후 인사) ¡Buenas noches! (밤 인사)	¡Adiós! ¡Chao! ¡Hasta pronto! ¡Hasta luego! / ¡Hasta la vista! ¡Hasta mañana! ¡Hasta la próxima clase! ¡Nos vemos!

2) 안부의 인사와 대답

안부 인사	대답
¿Qué tal? ¿Qué hay? ¿Cómo va (todo)? ¿Cómo estás (tú)? ¿Cómo está (usted)? 어떻게 지내? 어떻게 지내시나요?	Excelente. / Genial. 아주 좋아. Muy bien. 매우 잘 지내. Bien. 잘 지내. Regular. / Normal. 보통이야. Más o menos. 그저 그래. Así, así. 그저 그래. Mal. 안 좋아. Muy mal. 매우 안 좋아. Fatal. 엉망이야.

3) 감사의 표현과 대답

감사의 인사	대답
¡Gracias! 고맙습니다. ¡Muchas gracias! 대단히 고맙습니다.	¡De nada! 천만에요. ¡No hay de qué! 천만에요. A ti. / A usted. 제가 오히려 고맙습니다.

2. 소개할 때

1) 이름 묻기

Informal 친근한 표현	¿Cómo te llamas (tú)? ¿Cuál es tu nombre? 네 이름은 무엇이니?	Me llamo Juan. 내 이름은 후안이야. Mi nombre es David Villa. 내 이름은 다빗 비야예요.
Formal 격식 있는 표현	¿Cómo se llama (usted)? ¿Cuál es su nombre? 당신 이름은 무엇입니까?	

Informal 친근한 표현	¿Cuál es tu apellido? 네 성씨는 뭐니?	Mi apellido es Torres. 내 성씨는 또레스예요.
Formal 격식 있는 표현	¿Cuál es su apellido? 당신의 성씨는요?	

2) 첫인사: 만나서 반갑습니다.

¡Mucho gusto! ¡Encantado! (남자가 말할 때) ¡Encantada! (여자가 말할 때)	¡Igualmente! 저도요.

3) 남을 소개할 때

Informal 친근한 표현	Este es mi amigo Pedro. 이쪽은 내 친구 뻬드로야. Esta es mi amiga Ana. 이쪽은 내 친구 아나야.
Formal 격식 있는 표현	Le presento al profesor Lee. 당신에게 이 교수님을 소개할게요. Le presento a la señora Pérez. 뻬레스 부인을 당신에게 소개할게요.

3. 기타 표현들

Por favor.	제발요. / 부탁해요.
¡Perdón!	미안합니다.
¡Lo siento!	죄송합니다. / 유감입니다.

4. 인사 대화문

A: Buenos días, profesor Moreno.	좋은 아침입니다, 모레노 선생님.
¿Cómo está usted?	어떻게 지내시나요?
B: Muy bien, gracias. ¿Y usted?	매우 잘 지냅니다, 감사합니다. 당신은요?
A: Bien, gracias. ¡Hasta luego!	잘 지냅니다, 감사합니다. 안녕히 계세요.
B: ¡Adiós!	안녕히 가세요.

A: Buenas tardes, señora.	안녕하세요, 부인.
B: Buenas tardes, doña María.	안녕하세요, 마리아 부인.
¿Cómo va todo?	어떻게 지내세요?
A: No muy bien.	잘 지내지 못해요.
B: ¿Qué pasa?	무슨 일이세요?
A: Estoy cansada.	피곤해서요.

A: ¡Hola, Paco! Buenas noches.	안녕, 빠꼬. 좋은 밤이야.
¿Qué tal?	잘 지내니?
B: Bien. ¿Y tú?	잘 지내. 너는?
A: Así, así. ¡Chao!	그저 그래. 안녕.
B: ¡Chao! ¡Hasta pronto!	안녕. 곧 보자.

A: Muchas gracias, señor.	감사합니다, 선생님.
B: De nada, señorita. ¡Adiós!	천만에요. 안녕히 가세요.
A: ¡Hasta la vista!	안녕히 계세요.

호칭과 약어

señor → Sr. señora → Sra. señorita → Srta. señores → Sres. señoras → Sras.

연습문제 1 **Vamos a hablar**

다음과 같이 친구와 서로 인사해 보세요.

1. Por la mañana

A: Hola. ________________.

B: ________________.

¿Cómo ________________?

A: ________________. Gracias. ¿Y usted?

B: ________________. ¡Hasta luego!

A: ________________.

2. Por la tarde

A: Hola. ________________.

B: ________________.

¿Qué ________________?

A: ________________. Gracias. ¿Y tú?

B: ________________. ¡Chao!

A: ________________.

3. Por la noche

A: Hola. ________________.

B: ________________. ¿Cómo estás?

A: ________________.

B: ¿Qué pasa?

A: Estoy ________________.

5. 소개 대화문

A: ¿Cómo te llamas? 네 이름은 뭐니?
B: Me llamo Esther. 내 이름은 에스떼르야.
A: ¿Y tu apellido? 너의 성은 뭐니?
B: Kim. 김이야.
A: ¿Cómo se escribe? 어떻게 쓰니?
B: K de kilo, I de iglesia, M de Madrid. kilo 할 때 K, iglesia 할 때의 I, Madrid 할 때의 M이야.

A: ¿Cómo se llama usted? 당신의 이름은 무엇입니까?
B: Mi nombre es Raúl. 제 이름은 라울입니다.
A: ¿Cómo se escribe su nombre? 당신의 이름은 어떻게 쓰나요?
B: R-A-U-L. R-A-U-L.

A: Este es mi amigo Juan. 이 사람이 내 친구 후안이야.
B: ¡Mucho gusto! 만나서 반가워.
C: ¡Igualmente! 나도 그래.

A: ¡Mire! Le presento a la profesora Claudia. 저, 끌라우디아 선생님을 당신에게 소개할게요.
B: ¡Encantado! 만나서 반갑습니다.
C: ¡Encantada! 만나서 반갑습니다.

연습문제 2 **Vamos a hablar**

두 명씩 짝을 지어 보기와 같이 서로 대화해 보세요.

A: ¿Cómo se llama usted?
B: Me llamo _______________.
A: ¿Cuál es su apellido?
B: Es ___________________.
A: ¿Cómo se escribe su nombre / apellido?
B: ___________________________.

연습문제 3 **Vamos a hablar**

다음과 같이 서로 친구를 소개하는 대화해 보세요.

1. A: Este / Esta es mi amigo/-a ______________.
   B: ____________________________________
   C: ____________________________________

2. A: Mire. Le presento *al señor / a la señorita / a la señora* __________.
   B: ________________________________
   C: ________________________________

전치사 'a'와 정관사 'el'이 나란이 오는 경우 'al'로 축약된다.

6. Números (0-10)

0 cero

1 uno	2 dos	3 tres	4 cuatro	5 cinco
6 seis	7 siete	8 ocho	9 nueve	10 diez

연습문제 4

다음 전화번호, 이메일 주소 등을 읽어 보세요.

보기 sergio1987@gmail.com
→ ese, e, erre, ge, i, o, uno, nueve, ocho, siete, ***arroba***, ge, eme, a, i, ele, ***punto***, ce, o, eme

1. airline74@hotmail.com
2. antoniolopez98@yahoo.es
3. dreaming1004@gmail.com
4. www.diccionario.com
5. 010-3425-9877
6. 02-880-6156
7. 010-8976-2391
8. 031-254-7893

연습문제 5

다음 대화와 같이 친구에게 전화번호를 물어보세요.

보기 A: ¿Cuál es tu número de teléfono / móvil / celular?
B: Mi número de móvil es (el) cero, uno, cero, dos, tres, nueve, cinco, ocho, cero, nueve, seis.

연습문제 6

보기와 같이 친구에게 이메일 주소를 물어보고 대답해 보세요.

보기 A: ¿Cuál es tu correo electrónico?
B: Es a, i, erre, ele, i, ene, e, *arroba*, ye (i griega), a, hache, o, o, *punto*, *com*.

연습문제 7 **Nombres en español**

스페인어권에서 많이 쓰이는 이름입니다. 자신의 스페인어 이름을 정해 보세요.

Hombre 남자			Mujer 여자		
Alejandro	Fernando	Mario	Adela	Daniela	María
Alfonso	Francisco	Miguel	Adriana	Dora	Marta
Alfredo	Gonzalo	Nicolás	Alba	Elena	Mercedes
Álvaro	Ignacio	Óscar	Alicia	Elisa	Mónica
Andrés	Ismael	Pablo	Amalia	Esperanza	Paloma
Antonio	Jaime	Pedro	Ana	Estela	Pamela
Carlos	Javier	Rafael	Ángela	Eva	Penélope
Daniel	Joaquín	Raúl	Beatriz	Gloria	Pilar
David	José	Ricardo	Belén	Inés	Rebeca
Enrique	Juan	Roberto	Blanca	Isabel	Silvia
Ernesto	Julio	Santiago	Carmen	Julia	Susana
Esteban	Luis	Sebastián	Carolina	Laura	Valeria
Federico	Manuel	Tomás	Clara	Luisa	Vanesa
Felipe	Marcos	Víctor	Cristina	Luna	Violeta

Nombres y apellidos en español

En el mundo hispánico las personas tienen uno, dos o más nombres y dos apellidos. Normalmente, el primer apellido es el del padre y el segundo, el de la madre. Al apellido del padre se le llama "apellido paterno" y al apellido de la madre, "apellido materno".

Muchos de los nombres propios en español tienen origen griego, latino, hebreo, germánico, náhuatl, quechua, etc., pero también hay nombres de origen cristiano. Hoy en día, algunos nombres propios no tienen significado.

Por lo general, las mujeres casadas agregan a sus apellidos el apellido paterno de su marido acompañado de la preposición "de".

La mayoría de los nombres femeninos acaban en -a, y los nombres masculinos acaban en -o, pero también pueden acabar en -e y en consonante (-c, -l, -n, -r, -s, -x, -z).

¿VERDADERO O FALSO?

Contesta:

	V	F
1. En español todos los nombres de mujer acaban en –a.	☐	☐
2. En general, los españoles tienen dos nombres.	☐	☐
3. Todos los nombres son griegos.	☐	☐
4. En general, el primer apellido es el nombre del padre.	☐	☐

Viaje al mundo hispano

투우 포스터

플라멩코(Flamenco) 춤

투우(corrida de toros)

En el aula

교실에서

녹음을 듣고 빈칸을 채워 보세요.

En la cafetería de la universidad: la nueva aula de Sumi

Carlos: ¡Hola, Sumi!

Sumi: ¡Hola, Carlos! ¿____ __?

Carlos: Muy bien, gracias. ¿Y tú? ¿_____ ____?

Sumi: ¡Genial!

Carlos: ¿Qué tal tu ____ __ ______?

Sumi: ¡Excelente! En mi clase hay muchos estudiantes inteligentes.

Carlos: ¡Qué interesante! ¿Hay aire acondicionado en tu aula?

Sumi: ¡Por supuesto! También hay un _________ _____ y un proyector muy moderno, una ______ _____ muy larga y muchas tizas de colores.

Carlos: ¿De qué colores?

Sumi: Azules, blancas, rojas y amarillas.

Carlos: ¡Sumi! ¡Qué grande es __ _______! ¿Qué hay?

Sumi: Hay un _______ _____, un cuaderno de color naranja, lápices, bolígrafos y un ordenador portátil nuevo.

Carlos: ¡Muchas cosas! Bueno, hasta pronto, Sumi.

Sumi: ¡Hasta otro día, Carlos!

Diálogo

En la cafetería de la universidad: la nueva aula de Sumi

Carlos:	¡Hola, Sumi!
Sumi:	¡Hola, Carlos! ¿Qué tal?
Carlos:	Muy bien, gracias. ¿Y tú? ¿Cómo estás?
Sumi:	¡Genial!
Carlos:	¿Qué tal tu clase de español?
Sumi:	¡Excelente! En mi clase hay muchos estudiantes inteligentes.
Carlos:	¡Qué interesante! ¿Hay aire acondicionado en tu aula?
Sumi:	¡Por supuesto! También hay un ordenador nuevo y un proyector muy moderno, una pizarra verde muy larga y muchas tizas de colores.
Carlos:	¿De qué colores?
Sumi:	Azules, blancas, rojas y amarillas.
Carlos:	¡Sumi! ¡Qué grande es tu mochila! ¿Qué hay?
Sumi:	Hay un cuaderno verde, un cuaderno de color naranja, lápices, bolígrafos y un ordenador portátil nuevo.
Carlos:	¡Muchas cosas! Bueno, hasta pronto, Sumi.
Sumi:	¡Hasta otro día, Carlos!

Vocabulario

genial 아주 좋은
además 게다가
¡qué interesante! 정말 재미있구나
aire acondicionado 에어컨
pizarra 칠판
ordenador portátil 노트북 컴퓨터
tiza 분필
excelente 아주 좋아 / 훌륭해
por supuesto 당연히
proyector 프로젝터, 영사기
mochila 배낭, 백팩
muchas cosas 많은 것들
¡qué grande! 정말 크구나
¡hasta otro día! 다른 날 보자

Expresiones útiles

1. **¿qué tal?:** (인사) 안녕하세요?
2. **¿qué tal ~?:** ~어때요?
   ¿Qué tal tu clase de español?
3. **¿qué hay (en) ~?:** ~에 뭐가 있어요?
   ¿Qué hay en tu mochila?
4. **¿cómo *estar* + 사람?:** ~잘 지내요?
   ¿Cómo estás?

Preguntas de comprensión

1. ¿En su clase hay estudiantes inteligentes?
2. ¿Qué cosas hay en el aula de Sumi?
3. ¿De qué colores son las tizas?
4. ¿Cómo es la mochila de Sumi?

살라망카(Salamanca) 야경

Gramática y actividades

1. 명사의 성

1) 일반적으로 명사가 -o로 끝나면 남성명사이고, -a로 끝나면 여성명사이다.

남성명사		여성명사	
el	dinero 돈	la	casa 집
el	estudio 공부	la	pizarra 칠판
el	trabajo 일	la	escuela 학교
el	libro 책	la	mesa 탁자

2) 남성명사와 여성명사가 -o나 -a로 끝나지 않는 경우도 있다.

남성명사		여성명사	
el	árbol 나무	la	flor 꽃
el	lápiz 연필	la	pared 벽
el	televisor 텔레비전	la	clase 수업
el	examen 시험	la	fiebre 열

3) 사람이나 동물의 경우 고유의 성을 따라서 문법적인 성이 정해진다.

남성명사		여성명사	
el	amigo 친구	la	amiga 친구
el	niño 남자 어린아이	la	niña 여자 어린아이
el	chico 남자아이	la	chica 여자아이
el	gato 고양이	la	gata 암고양이
el	hombre 남자	la	mujer 여자
el	padre 아버지	la	madre 어머니

4) -ción, -sión, -dad, -tad, -umbre, -sis로 끝나는 명사는 대부분 여성이다.

여성명사			
la	canción 노래	la	conversación 대화
la	cuestión 문제	la	universidad 대학
la	costumbre 습관	la	crisis 위기

5) 남성, 여성의 형태가 동일한 명사가 있다. 이 경우에는 관사로 성을 구분한다.

남성명사		여성명사	
el	estudiante 남학생	la	estudiante 여학생
el	artista 예술가	la	artista 예술가
el	pianista 피아니스트	la	pianista 피아니스트

주의 한 명사가 두 개의 성을 가지면서 각각 다른 뜻을 가지는 경우도 있다.
el capital 자본 / la capital 수도, el orden 순서 / la orden 명령

6) 예외적으로 -a로 끝나는 남성명사도 있으며, -o로 끝나는 여성명사도 있다.

남성명사		여성명사	
el	día 날, 일(日)	la	mano 손
el	mapa 지도	la	foto(grafía) 사진
el	sofá 소파	la	moto(cicleta) 오토바이
el	idioma 언어	la	radio 라디오
el	problema 문제		

2. 명사의 수

1) 모음으로 끝나는 명사에는 -s를 붙인다.

단수형		복수형		단수형		복수형	
el	coche 차	los	coches 차들	el	cuaderno 공책	los	cuadernos 공책들
la	llave 열쇠	las	llaves 열쇠들	la	palabra 단어	las	palabras 단어들

2) 자음으로 끝나는 명사에는 -es를 붙인다.

단수형		복수형		단수형		복수형	
el	reloj 시계	los	relojes 시계들	el	país 나라	los	países 나라들
la	flor 꽃	las	flores 꽃들	la	ciudad 도시	las	ciudades 도시들

주의 단수명사가 복수명사로 바뀌는 경우, 본래의 강세를 유지하기 위하여 강세부호가 나타나거나 사라지기도 한다.

단수형		복수형		단수형		복수형	
el	joven 젊은이	los	jóvenes 젊은이들	el	examen 시험	los	exámenes 시험들
la	estación 역/계절	las	estaciones 역/계절들	el	camión 트럭	los	camiones 트럭들

3) -z로 끝나는 단수명사는 z를 c로 교체한 후에 -es를 붙인다.

단수형		복수형	
el	lápiz 연필	los	lápices 연필들

4) -s로 끝나는 명사 중 마지막 음절에 발음상 강세가 있는 경우에는 -es를 붙이며, 그 밖의 경우에는 단수와 복수의 형태가 동일하다.

단수형		복수형		단수형		복수형	
el	autobús 버스	los	autobuses 버스들	el	mes 달/월	los	meses 달/월들

단수형		복수형	
el	paraguas 우산	los	paraguas 우산들
el	cumpleaños (한 명의) 생일	los	cumpleaños (여러 명의) 생일
el	lunes 월요일	los	lunes 매주 월요일

3. 정관사

정관사는 명사 앞에 위치하며 정해진 대상을 표현할 때 사용한다. 남성형과 여성형이 있으며, 각각 단수형과 복수형을 가진다.

수 / 성	단수형	복수형
남성	el alumno 그 학생	los alumnos 그 학생들
여성	la alumna 그 여학생	las alumnas 그 여학생들

단수형 여성명사	복수형 여성명사
el aula 강의실	las aulas 강의실들
el agua 물	las aguas 물(바다)
el hacha 도끼	las hachas 도끼들

주의 강세가 있는 [á]로 시작하는 여성명사의 단수형에서는 발음상의 이유로 남성형태의 관사가 나타난다. 그러나 복수형에서는 발음상의 문제가 사라지므로 원래대로 여성관사가 나타난다.

연습문제 1

다음은 교실, 학교와 관련된 명사들입니다. 명사의 뜻과 문법적 성을 확인하여 정관사를 붙여 읽어 보세요.

보기 _____ lápiz → el lápiz 연필

_____ bolígrafo	_____ borrador	_____ tiza	_____ mochila
_____ libro	_____ cuaderno	_____ pared	_____ reloj
_____ cartel	_____ pantalla	_____ mesa	_____ escritorio
_____ silla	_____ pupitre	_____ techo	_____ luz
_____ ventana	_____ puerta	_____ mapa	_____ estudiante
_____ alumno	_____ alumna	_____ profesor	_____ profesora
_____ clase	_____ aula	_____ escuela	_____ examen
_____ diccionario	_____ goma	_____ regla	_____ cartera
_____ papel	_____ pizarra	_____ carpeta	_____ computadora
_____ ordenador	_____ proyector		

연습문제 2

주어진 명사를 보기와 같이 '정관사 + 복수형'으로 바꾸어 읽어 보세요.

보기 estudiante → los estudiantes
silla → las sillas

1. bolígrafo
2. alumna
3. ventana
4. libro
5. mochila
6. borrador
7. lápiz
8. cuaderno
9. luz
10. pupitre

4. 부정관사

부정관사는 명사 앞에 위치하며, 정해지지 않은 대상을 표현할 때 사용한다. '하나의' 혹은 '몇몇의'라는 뜻을 나타낸다. 부정관사는 남성형과 여성형이 있으며, 각각 단수형과 복수형을 가진다.

수 / 성	단수형	복수
남성	un reloj 시계 한 개	unos relojes 몇 개의 시계
여성	una silla 의자 한 개	unas sillas 몇 개의 의자

주의 첫 음절에 강세가 오고 발음상 [a]로 시작하는 여성명사는 발음상의 이유로 남성형태의 관사가 나타난다. 그러나 복수형에서는 발음상의 문제가 사라지므로 원래대로 여성관사가 나타난다.

단수형 여성명사	복수형 여성명사
un águila 독수리 한 마리	unas águilas 독수리 여러 마리
un hacha 도끼 하나	unas hachas 도끼 여러 개

연습문제 3

보기와 같이 대화해 보세요.

> **보기** A: ¿Qué es esto? (mesa)
> B: Es una mesa.

1. libro
2. reloj
3. ventana
4. silla
5. lápiz
6. puerta
7. mesa
8. pared

연습문제 4 **Vamos a hablar**

여러분이 있는 교실에는 무엇이 있는지 말해 보세요. 또, 교실에 없는 것을 이야기해 보세요.

> **보기 1** A: ¿Qué hay en el salón de clase / en el aula?
> B: En el salón de clase hay una pizarra, unas sillas y unos libros.
> En la clase no hay reloj.
>
> **보기 2** A: ¿Hay una computadora / un ordenador?
> B: Sí, hay una computadora / un ordenador.
> No, no hay computadora / ordenador.

A: ¿Qué hay en el salón de clase / el aula?
B: En la clase hay ____________________.
En la clase no hay ____________________.
A: ¿Hay un(a) ____________________?
B: Sí, ____________________.
No, ____________________.

5. Números (11-20)

11 once | 12 doce | 13 trece | 14 catorce
15 quince | 16 dieciséis | 17 diecisiete | 18 dieciocho
19 diecinueve | 20 veinte

연습문제 5

다음에 보이는 숫자를 읽어 보세요.

1. 

2. 

3. 

4. 

연습문제 6 Vamos a hablar

보기와 같이 질문하고 대답해 보세요.

> **보기** estudiante
> A: ¿Cuántos estudiantes hay en el salón de clase / en el aula?
> B: Hay veinte estudiantes.

1. puerta
2. luz
3. alumna
4. mapa
5. mesa
6. ventana
7. pizarra
8. borrador

6. 형용사

형용사는 명사의 특성이나 상태를 표현한다. 스페인어 형용사는 수식하거나 서술하는 명사의 성(남성, 여성)과 수(단수, 복수)에 일치해야 한다.

1) 형용사는 보통 -o로 끝나는 남성형과 -a로 끝나는 여성형으로 나뉘며, 일반적으로 명사 뒤에 위치하여 명사를 수식하는 역할을 한다.

수 / 성	단수형	복수
남성	un bolígrafo barato 싼 볼펜	unos bolígrafos baratos 싼 볼펜들
	el coche caro 비싼 차	los coches caros 비싼 차들
여성	una flor bonita 예쁜 꽃	unas flores bonitas 예쁜 꽃들
	la maestra alta 키가 큰 여선생님	las maestras altas 키가 큰 여선생님들

2) -o나 -a로 끝나지 않은 형용사는 대부분 단수와 복수 형태로만 구별된다.

수 / 성	단수형	복수
남성	un examen difícil 어려운 시험	unos exámenes difíciles 어려운 시험들
	el niño inteligente 똑똑한 아이	los niños inteligentes 똑똑한 아이들
여성	una pregunta fácil 쉬운 질문	unas preguntas fáciles 쉬운 질문들
	la novela interesante 흥미 있는 소설	las novelas interesantes 흥미 있는 소설들

주의 -dor로 끝나는 형용사는 여성형 -dora가 있다.
un estudiante trabajador 부지런한 학생
una estudiante trabajadora 부지런한 여학생

3) 형용사의 위치

① 명사 + 형용사: 형용사는 대체로 수식하는 명사의 뒤에 위치하여 명사의 의미를 한정하여 수식한다.

una casa	grande	큰 집
	pequeña	작은 집
	vieja	오래된 집
	nueva	새 집
un pájaro	azul	파란 새
	blanco	흰 새
	amarillo	노란 새
	negro	검은 새

② 형용사 + 명사: 일반적으로 형용사가 명사 앞에 올 경우에는 강조의 의미를 가지게 된다. 또는 원래 그 명사가 가지고 있는 속성을 나타내 주는 경우에도 형용사가 명사 앞에 위치한다.

dulce miel 단 꿀 blanca nieve 흰 눈

③ 일부 형용사는 그 위치에 따라 의미가 달라진다.

후치 형용사	전치 형용사
un hombre grande 체격이 큰 사람	un gran hombre 위대한 사람
un amigo viejo 늙은 친구	un viejo amigo 오래 사귄 친구
mi casa nueva 새로 지은 내 집	mi nueva casa 새로 이사한 내 집
un hombre pobre 가난한 사람	un pobre hombre 불쌍한 사람

④ 남성 단수명사 앞에서 어미가 탈락하는 형용사가 있다.

bueno 좋은	un buen niño 착한 아이(남)	una buena niña 착한 아이(여)
	unos buenos niños 착한 아이들(남)	unas buenas niñas 착한 아이들(여)
malo 나쁜	un mal chico 나쁜 소년	una mala chica 나쁜 소녀
	unos malos chicos 나쁜 소년들	unas malas chicas 나쁜 소녀들

주의 'grande'는 남성, 여성 단수명사 앞에서 '-de' 음절이 탈락한다.

grande 위대한	un gran hombre	una gran mujer
	unos grandes hombres	unas grandes mujeres

연습문제 7

보기와 같이 명사와 형용사를 연결하여 말해 보세요.

grande ↔ pequeño
interesante ↔ aburrido
fácil ↔ difícil
moderno / nuevo ↔ antiguo
largo ↔ corto
simpático ↔ antipático
inteligente ↔ tonto
alto ↔ bajo
gordo ↔ delgado
guapo ↔ feo
rubio ↔ moreno
viejo ↔ joven

viejo/-a

joven

delgado/-a

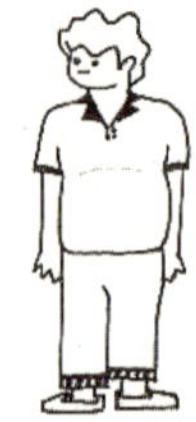
gordo/-a

alto/-a

bajo/-a

guapo/-a

feo/-a

rubio/-a

moreno/-a

grande

pequeño/-a

보기 un profesor → un profesor simpático

1. una pizarra ______________
2. un libro ______________
3. un examen ______________
4. una computadora ______________
5. unos maestros ______________
6. unas señoritas ______________
7. un niño ______________
8. un estudiante ______________

연습문제 8

주어진 명사와 형용사를 이용하여 보기와 같이 표현해 보세요.

> **보기** casa, nuevo → La casa es nueva.

1. hombre, rico
2. chico, bueno
3. libro, interesante
4. mujer, bajo
5. niña, pobre
6. planta, bonito
7. señorita, amable
8. niño, guapo

연습문제 9

색깔 형용사를 사용하여 보기와 같이 질문하고 대답해 보세요.

> **보기** A: ¿De qué color es ___________ ?
> B: Es ________________ .
> → A: ¿De qué color es el libro?
> B: Es rojo. / Es de color naranja.

1. la pizarra
2. la tiza
3. la pared
4. el tomate
5. el sol
6. la planta
7. la nieve
8. el chocolate
9. el arco iris

> 색깔은 color rosa, color café, color violeta, color naranja처럼 명사로도 표현된다.

연습문제 10 **Vamos a hablar**

여러분의 교실과 친구들에 대하여 보기와 같이 말해 보세요.

El aula es __________ y __________.

Hay __________, __________, __________, __________ y __________.

Pero no hay __________ ni __________.

El profesor / La profesora es __________________ y __________________.

El español es __________.

El examen es __________.

Mi compañero / -a de clase es ______________________________.

CULTURA

Comunicación no verbal

La razón de aprender un idioma es para comunicarnos y la comunicación es la transmisión de un mensaje mediante el lenguaje verbal y no verbal.

En español, al igual que en otras lenguas, el lenguaje corporal sin palabras (no verbal) en la forma de gestos es muy importante. Normalmente, la gente usa muchos gestos para apoyar sus opiniones o comunicar algo. Los gestos son movimientos que hacemos con la cabeza, la cara, los ojos, la boca, las manos y el cuerpo en general.

Más o menos

Un poco

Tacaño

No lo sé

¡Ojo, ten cuidado!

Es importante aprender el significado de los gestos para evitar posibles malentendidos socioculturales.

¿VERDADERO O FALSO?

Contesta:	V	F
1. Los gestos son solamente movimientos.	☐	☐
2. Solo los estudiantes usan gestos.	☐	☐
3. Usar gestos no es bueno.	☐	☐
4. Los gestos son útiles para la comunicación.	☐	☐

Viaje al mundo hispano

마드리드
꼼쁠루뗀세(Complutense)
대학교

멕시코 우남(UNAM) 대학교

살라망카(Salamanca) 대학교의
건물 전면 조각

¿De dónde eres?

어느 나라에서 왔어요?

녹음을 듣고 빈칸을 채워 보세요.

En la universidad: Carla presenta a una amiga.

Carla: ¡Hola! Buenos días, Sofía.
Sofía: ¡______ ___!
Carla: Mira, te presento a mi mejor amigo.
Quique: ¡Hola!
Sofía: ¿Qué tal? Perdona, ¿_____ _ _____?
Quique: Mi nombre es Enrique, pero mis amigos me llaman Quique.
Sofía: _____ _____, Quique.
Quique: Encantado.
Sofía: ¿Eres español?
Quique: No, no soy ______. Soy de México.
Sofía: ¿De qué parte de México eres?
Quique: Soy de México, D.F. (Distrito Federal). ¿Y tú?
Sofía: Yo soy de Sevilla. ___ _______.

En una compañía: una entrevista de trabajo

Luis: Buenos días.
Entrevistadora: Buenos días. ¿__ ______, por favor?
Luis: Soy Luis Carlos González Pérez.
Entrevistadora: ¿Cuál es __ _______?
Luis: Soy ingeniero electrónico.
Entrevistadora: ¿Cuántos _______ _____?
Luis: Hablo tres idiomas: español, francés _ _____.
Entrevistadora: ¿Cuáles son sus cualidades?
Luis: Soy trabajador, sincero, entusiasta, amable y puntual.
Entrevistadora: ¿Cuál es su ___________?
Luis: Soy ______.
Entrevistadora: Muchas gracias por su ______, Sr. Pérez.
Luis: A usted por la oportunidad.

Diálogo

En la universidad: Carla presenta a una amiga.

Carla:	¡Hola! Buenos días, Sofía.
Sofía:	¡Buenos días!
Carla:	Mira, te presento a mi mejor amigo.
Quique:	¡Hola!
Sofía:	¿Qué tal? Perdona, ¿cómo te llamas?
Quique:	Mi nombre es Enrique, pero mis amigos me llaman Quique.
Sofía:	Mucho gusto, Quique.
Quique:	Encantado.
Sofía:	¿Eres español?
Quique:	No, no soy español. Soy de México.
Sofía:	¿De qué parte de México eres?
Quique:	Soy de México, D.F. (Distrito Federal). ¿Y tú?
Sofía:	Yo soy de Sevilla. Soy española.

En una compañía: una entrevista de trabajo

Luis:	Buenos días.
Entrevistadora:	Buenos días. ¿Su nombre, por favor?
Luis:	Soy Luis Carlos González Pérez.
Entrevistadora:	¿Cuál es su profesión?
Luis:	Soy ingeniero electrónico.
Entrevistadora:	¿Cuántos idiomas habla?
Luis:	Hablo tres idiomas: español, francés e inglés.
Entrevistadora:	¿Cuáles son sus cualidades?
Luis:	Soy trabajador, sincero, entusiasta, amable y puntual.
Entrevistadora:	¿Cuál es su nacionalidad?
Luis:	Soy chileno.
Entrevistadora:	Muchas gracias por su tiempo, Sr. Pérez.
Luis:	A usted por la oportunidad.

Vocabulario

presento(presentar) 소개하다
me 나를
México, D.F. (Distrito Federal) 멕시코시티
profesión 직업
puntual 시간을 정확하게 지키는
perdona 미안해 / 실례지만
llaman(llamar) 부르다
entrevista 인터뷰 / 면접
cualidad 자질, 성격
oportunidad 기회

Lección 3

Expresiones útiles

1. te / le presento a~: ~너에게 / 당신에게 ~를 소개할게요.
Te presento a mi mejor amigo.

2. ¿de dónde *ser* + 사람?: ~는 어디 출신이에요?
¿De dónde es usted?

3. ¿cuál *ser* ~?: ~이 무엇이에요?
¿Cuál es su profesión?

4. ¿cuántos / qué idiomas *hablar* ~?: 몇 개 / 어떤 언어를 해요?

Preguntas de comprensión

1. ¿Cuál es el apodo del mejor amigo de Carla?
2. ¿Cuál es la nacionalidad de Enrique?
3. ¿De dónde es Sofía?
4. ¿Cuál es la profesión de Luis?
5. ¿Qué lenguas habla Luis?

멕시코 시티(México, D.F.)의 대성당

Gramática y actividades

1. 주격 인칭대명사

	단수형		복수형	
1인칭	yo	나	nosotros nosotras	우리들
2인칭	tú	너	vosotros vosotras	너희들
3인칭	usted él ella	당신 그 그녀	ustedes ellos ellas	당신들 그들 그녀들

1) 문장의 주어로 사용되는 인칭대명사이다.

2) tú와 usted의 차이

'너'라는 의미를 갖는 tú는 친구들이나 가족같이 친밀한 관계에 있는 상대방에게 사용하는 2인칭 주격대명사이다. 그러나 직장이나 업무 관계에 있는 사람, 혹은 격식을 갖춰야 하는 상대방에게는 usted을 사용한다. 의미상 2인칭이지만 문법적으로는 3인칭 동사와 함께 사용된다. 단, 지역에 따라서 tú와 usted의 사용은 차이를 보일 수 있으니 주의해야 한다.

	단수형	복수형
스페인	tú	vosotros / vosotras
중남미	tú / vos	ustedes

주의 tú의 복수형인 'vosotros / vosotras'는 스페인에서는 사용되지만 중남미에서는 사용되지 않는다. 대신 'ustedes'가 '당신들'과 '너희들'이라는 의미의 대명사로 사용된다. 또한 아르헨티나와 같은 지역에서는 tú 대신에 vos를 사용하기도 한다.
usted와 ustedes는 약자로 각각 Ud.과 Uds.(중남미) 혹은 Vd., Vds.(스페인)로 쓴다.

2. ser 동사의 용법

'~이다'라는 의미의 동사로써 주어의 속성이나 특성을 표현할 경우 사용된다.

1) ser 동사의 현재형은 다음과 같다.

ser			
yo	soy	nosotros / nosotras	somos
tú	eres	vosotros / vosotras	sois
usted / él / ella	es	ustedes / ellos / ellas	son

2) 주어의 이름 또는 직업, 국적 등을 나타낸다.

Ellos son Carmen y Juan. 그들은 까르멘과 후안입니다.
Mi padre es abogado. 제 아버지는 변호사입니다.
Nosotros somos coreanos. 우리들은 한국인이에요.

3) ser 동사는 형용사와 함께 쓰여 주어의 본질적 속성 등을 표현한다.

Mi profesor es simpático. 저희 교수님은 상냥하세요.
Mi casa es pequeña, pero bonita. 나의 집은 작지만 예뻐요.
Los hijos de Juan son inteligentes. 후안의 자식들은 영리해요.

4) ser 동사는 전치사 de와 함께 주어의 출신, 생산지, 소유나 재료를 나타낼 수 있다.

Susana es de Argentina. 수사나는 아르헨티나 출신이다.
Este televisor es de Corea. 이 텔레비전은 한국제이다.
La corbata es de Antonio. 넥타이는 안또니오 것이에요.
La silla es de metal. 의자는 금속으로 되어 있어요.

5) ser 동사는 행사가 열리는 것을 나타낸다.

La clase es en el aula 207. 수업은 207호 강의실에서 있어요.
La fiesta es en la casa de Carlos. 파티는 까를로스 집에서 있어요.

3. 부정문

스페인어의 부정문은 동사 앞에 no를 붙여서 만든다.

A: ¿Eres Juan? 네가 후안이니?
B: No, no soy Juan. Soy Pedro. 아니야, 난 후안이 아니고 뻬드로야.

4. 의문문

1) 의문사 없는 의문문

영어와는 달리, 스페인어의 의문사 없는 의문문은 주어와 동사의 어순과 관계없이 문장의 맨 끝 억양을 올려서 만들 수 있다.

A: ¿Es usted profesor? / ¿Usted es profesor? 당신은 선생입니까?
B: No, no soy profesor. Soy estudiante. 아니오, 저는 선생이 아닙니다. 저는 학생입니다.

2) 문장의 끝에 ¿no?나 ¿verdad?을 붙이면, 문장 내용에 대하여 확인하는 의문문이 된다.

A: Tú eres coreano, ¿no? 너는 한국인이지. 그렇지 않니?
B: Sí, soy coreano. 응, 나는 한국 사람이야.

A: Usted es de Argentina, ¿verdad? 당신은 아르헨티나 사람이지요. 그렇죠?
B: No, no soy de Argentina. 아닙니다, 저는 아르헨티나 사람이 아닙니다.
Soy mexicana. 멕시코 사람입니다.

3) 의문사로 시작하는 의문문은 「의문사 + 동사 + 주어」의 순서로 쓴다.

① qué 무엇, 무슨

¿Qué es esto?	이게 뭐에요?
¿De qué marca es tu móvil?	네 핸드폰 상표가 뭐니?

② cuál, cuáles 어느 것

A: ¿Cuál es tu nombre?	너의 이름이 뭐니?
B: Mi nombre es Juan.	후안이야.
A: ¿Cuáles son tus apellidos?	너의 성씨는 뭐니?
B: García López.	가르시아 로뻬스야.

③ quién, quiénes 누구, 누구들

A: ¿Quién es usted?	당신은 누구십니까?
B: Soy Pedro, el profesor de español.	저는 스페인어 선생인 뻬드로입니다.
A: ¿Quiénes son ellos?	저 사람들은 누구죠?
B: Son mis alumnos.	제 학생들입니다.
A: ¿De quién es este libro?	이 책은 누구의 것입니까?
B: Es de Mario.	마리오의 것입니다.

④ cuánto, cuánta, cuántos, cuántas 몇 명의, 얼마

A: ¿Cuántos estudiantes hay en la clase?	교실에 학생이 몇 명 있니?
B: Hay once estudiantes.	열한 명 있어요.
A: ¿Cuánto vale la entrada?	입장권은 얼마입니까?
B: Dos euros.	2유로입니다.

⑤ dónde 어디에

A: ¿Dónde viven ustedes? 당신들은 어디에 사십니까?
B: Vivimos en Seúl, la capital de Corea del Sur. 우리는 대한민국의 수도 서울에서 삽니다.

⑥ cuándo 언제

A: ¿Cuándo es tu cumpleaños? 너 생일 언제니?
B: Es el quince de agosto. 8월 15일이야.

⑦ por qué 왜

A: ¿Por qué estás triste? 너는 왜 슬프니?
B: Porque no tengo amigos. 친구가 없어서 그래.

⑧ cómo 어떻게

A: ¿Cómo estás? 오늘 어떠니?
B: Estoy muy bien. 아주 좋아.

A: ¿Cómo es tu profesor? 너의 선생님은 어떤 분이시니?
B: Es alto y simpático. 키가 크시고 친절하셔.

● 의문문에서의 전치사의 위치

¿ 전치사 + 의문사 + 동사 ?

A: ¿De dónde es usted? 당신은 어디에서 왔습니까?
B: Soy de Japón. 저는 일본에서 왔습니다.

A: ¿Con quién vive Juan? 후안은 누구와 함께 살아요?
B: Vive con su familia. 가족과 함께 살아요.

Lección 3

연습문제 1

보기와 같이 빈칸에 ser 동사를 이용하여 문장을 만들어 보세요.

보기 Yo soy María.

1. Tú _______ simpática.
2. Ella _______ guapa.
3. Ud. _______ artista.
4. Nosotros _______ estudiantes.
5. Vosotras _______ bonitas.
6. Ellos _______ médicos.
7. Uds. _______ españoles.
8. La casa ________ de Antonio.

연습문제 2

Profesión y lugares de trabajo 직업과 직장

주어진 단어를 사용하여 다음 대화를 완성하세요.

보기
A: ¿Qué haces?
B: Soy médico.
A: ¿Dónde trabajas?
B: Trabajo en el hospital.

Profesiones y ocupaciones

abogado/-a	funcionario/-a
camarero/-a	médico/-a
científico/-a	periodista
dependiente/-a	profesor(a)
enfermero/-a	secretario/-a
escritor(a)	

Lugares de trabajo

la agencia de noticias	el hospital
el bar	el laboratorio
la editorial	la oficina
la emisora	el restaurante
la empresa	la tienda
la escuela	la universidad
el gobierno	

연습문제 3 Vamos a hablar

¿Cómo eres?

나의 성격과 외모에 대하여 이야기해 보세요.

> **참고할 어휘**
>
> alto/-a ↔ bajo/-a, guapo/-a ↔ feo/-a, delgado/-a ↔ gordo/-a, rubio/-a ↔ moreno/-a
>
> simpático/-a, amable ↔ antipático/-a, sincero/-a ↔ mentiroso/-a,
> serio/-a ↔ gracioso/-a, trabajador(a) ↔ perezoso/-a, generoso/-a ↔ tacaño/-a,
> inteligente ↔ tonto/-a, optimista ↔ pesimista, activo/-a ↔ tímido/-a

보기 A: ¿Cómo eres?
B: Soy ________, ________ y ________.
No soy ________ ni ________.
→ Soy activo y sincero. No soy mentiroso ni tonto. (남자)
→ Soy activa y sincera. No soy mentirosa ni tonta. (여자)

연습문제 4 Vamos a hablar

¿Cómo es esta persona?

어떤 외모와 성격의 사람인지 말해 보세요.

보기 A: ¿Cómo es tu mejor amigo?
B: Mi mejor amigo es inteligente, sincero y divertido. También es muy guapo y alto. Pero es un poco perezoso y pesimista.

1. tu profesor(a)
2. el presidente de tu país
3. tu mejor amigo/-a
4. tu compañero/-a de clase
5. tu padre
6. tu madre
7. tu hermano/-a
8. tu novio/-a

연습문제 5 **Vamos a hablar**

보기와 같이 대화해 보세요.

> **보기**
> A: ¿Tienes nuevos amigos en esta clase?
> B: Sí, tengo uno/una.
> A: ¿Cómo se llama?
> B: Se llama _______.
> A: ¿Cómo es?
> B: Es _______, _________ y _________.
> No es _________ ni _________.

Lección 3

5. 국명과 국적 형용사

1) 국명

A: ¿De dónde eres? 너 어디에서 왔니?
B: Soy de México. 멕시코에서 왔어.

A: ¿De dónde sois vosotras? 너희들은 어디에서 왔니?
B: Somos de España. 우리는 스페인에서 왔어.

A: ¿De dónde es ella? 그녀는 어디에서 왔어요?
B: Es de los Estados Unidos. 미국에서 왔어요.

A: ¿De dónde es usted? 당신은 어디 출신이세요?
B: Soy de Corea del Sur. 나는 대한민국에서 왔어요.

2) 국명과 국적 형용사

국명	남성단수형	여성단수형	남성복수형	여성복수형
Alemania 독일	alemán	alemana	alemanes	alemanas
Argentina 아르헨티나	argentino	argentina	argentinos	argentinas
Brasil 브라질	brasileño	brasileña	brasileños	brasileñas
Canadá 캐나다	canadiense	canadiense	canadienses	canadienses
Chile 칠레	chileno	chilena	chilenos	chilenas
China 중국	chino	china	chinos	chinas
Colombia 콜롬비아	colombiano	colombiana	colombianos	colombianas
Corea 한국	coreano	coreana	coreanos	coreanas
Cuba 쿠바	cubano	cubana	cubanos	cubanas
Egipto 이집트	egipcio	egipcia	egipcios	egipcias
España 스페인	español	española	españoles	españolas
(los) Estados Unidos 미국	estadounidense	estadounidense	estadounidenses	estadounidenses
Francia 프랑스	francés	francesa	franceses	francesas
Holanda 네덜란드	holandés	holandesa	holandeses	holandesas
Inglaterra 영국	inglés	inglesa	ingleses	inglesas
Italia 이탈리아	italiano	italiana	italianos	italianas
Japón 일본	japonés	japonesa	japoneses	japonesas
México 멕시코	mexicano	mexicana	mexicanos	mexicanas
Perú 페루	peruano	peruana	peruanos	peruanas
Portugal 포르투갈	portugués	portuguesa	portugueses	portuguesas
Rusia 러시아	ruso	rusa	rusos	rusas
Suiza 스위스	suizo	suiza	suizos	suizas
Suecia 스웨덴	sueco	sueca	suecos	suecas

3) 국적 남성형용사는 언어를 뜻하기도 한다.

el español 스페인어	el inglés 영어	el francés 프랑스어	el alemán 독일어
el coreano 한국어	el chino 중국어	el japonés 일본어	el ruso 러시아어
el italiano 이탈리아어	el portugués 포르투갈어	el árabe 아랍어	el holandés 네덜란드어

대화문

A: ¿De dónde eres? — 너는 어디서 왔니?
B: Soy coreano. Soy de Seúl. — 나는 한국 사람이에요. 서울 출신이에요.

A: ¿Y usted? ¿De dónde es? — 당신은요? 어디서 오셨나요?
B: Soy española. Soy de Madrid. — 저는 스페인 사람이에요. 마드리드 출신이에요.

A: ¿De dónde son ustedes? — 당신들은 어디에서 왔나요?
B: Yo soy japonesa. Jean y Marie son franceses y Silvia es inglesa. — 나는 일본인이에요. 장과 마리는 프랑스 사람이고 실비아는 영국 사람이에요.

A: ¿Qué lenguas habla usted? — 당신은 무슨 언어를 하나요?
B: Hablo ruso, francés e inglés. — 저는 영어, 러시아어, 프랑스어를 해요.

A: ¿Qué lengua hablan en Brasil? — 브라질에서는 어떤 언어를 쓰나요?
B: Hablan portugués. — 포르투갈어를 써요.

A: ¿Cuál es la nacionalidad de Juan? — 후안의 국적은 어디예요?
B: Su nacionalidad es colombiana. — 그의 국적은 콜롬비아예요.

연습문제 6

국적 형용사를 이용하여 문장을 완성해 보세요.

1. Ella se llama Min-kyung, es ______________ (de Corea).
2. Él se llama Jimmy, es ______________ (de los Estados Unidos).
3. Ella se llama Carmen, es ______________ (de España).
4. Él se llama Adolf, es ______________ (de Alemania).
5. Ella se llama Paola, es ______________ (de Italia).
6. Él se llama Iván, es ______________ (de Rusia).
7. Ella se llama Diana, es ______________ (de Inglaterra).
8. Él se llama Jean-Paul, es ______________ (de Francia).

연습문제 7 **Vamos a hablar**

¿Qué lenguas hablas?

다음과 같은 나라에서 온 친구에게 질문하고 답해 보세요.

1.

2.

3.

4.

5.

A: ¿De dónde eres?

B: ______________.

A: ¿Qué lengua(s) hablan en ______________ ?

B: Hablan ______________ (y ______________).

A: ¿Qué lengua(s) hablas?

B: Hablo ______________.

6. Números (21-50)

21 veintiuno	22 veintidós	23 veintitrés	24 veinticuatro
25 veinticinco	26 veintiséis	27 veintisiete	28 veintiocho
29 veintinueve	30 treinta	31 treinta y uno	35 treinta y cinco
39 treinta y nueve	40 cuarenta	42 cuarenta y dos	50 cincuenta

Lección 3

1) 숫자 uno는 남성명사 앞에서 un, 여성명사 앞에서는 una로 사용된다.

un libro	책 한 권	una casa	집 한 채
dos libros	책 두 권	dos casas	집 두 채

2) 21, 31, 41, … 91 등에서도 어미 '-o'가 탈락된다. 여성명사를 수식하는 경우는 여성형으로 사용된다.

veintiún libros	21권의 책들	veintiuna mesas	21개의 탁자들
treinta y un euros	31유로	treinta y una sillas	31개의 의자들

연습문제 8 Bingo 게임

아래 주어진 표에 0부터 50까지 숫자를 자유롭게 써 넣으세요.
한 명씩 돌아가면서 스페인어로 숫자를 부를 때에 자신이 쓴 숫자가 있으면 지웁니다.
먼저 모든 숫자를 지우는 사람은 ¡Bingo!라고 외치고, 그 게임의 승자가 됩니다.

연습문제 9

아래 주어진 사람의 직업과 국적을 연결해 보세요.

música/-a, político/-a, actor/actriz, escritor(a), pintor(a), artista, cantante, presidente/-a

보기 Albert Einstein es científico. Es alemán.

1.

Beethoven

2.

Miguel de Cervantes

3.

Abraham Lincoln

4.

Shakespeare

5.

Fidel Castro

6.

Pablo Picasso

7.

Frida Kahlo

8.

Plácido Domingo

연습문제 10 **Complete la ficha**

각자 자신의 신상 기록 카드를 작성한 후 친구와 서로 질문과 답해 보세요.

Nombre	
Apellidos	
Nacionalidad	
Estado civil	
Edad	
Profesión / Ocupación	
Dirección	
Código postal	
Teléfono de casa	
Móvil	
Correo electrónico	

A: ¿Cuál es tu _______________ ?

B: Mi _______________ es _______________ .

A: ¿Cuál es tu nacionalidad?

B: Es coreana.

연습문제 11 **Redacción libre**

국적, 외모, 성격을 나타내는 표현을 사용하여 각자 자신을 소개하는 글을 써 보세요.

보기

¡Hola! Me llamo Lucía Sánchez y tengo veinte años. Mi nacionalidad es española y soy de Madrid, la capital de España. Soy estudiante de la Universidad Autónoma de Madrid. Soy alta, pero no soy gorda ni delgada. Soy rubia y tengo los ojos grandes y de color azul. Soy una persona simpática y sincera, pero a veces soy un poco perezosa y pesimista. Mi mejor amigo se llama Luigi y es italiano. Él también es estudiante. Es muy guapo, pero un poco delgado. En mi opinión, Luigi es generoso e inteligente, pero demasiado tímido.

CULTURA

El español en el mundo

El español es la lengua oficial de veintiún países en el mundo: España (Europa), Argentina, Bolivia, Chile, Colombia, Costa Rica, Cuba, Ecuador, El Salvador, Guatemala, Honduras, México, Nicaragua, Panamá, Paraguay, Perú, Puerto Rico, República Dominicana, Uruguay, Venezuela (América) y Guinea Ecuatorial (África).

El español se habla también en los Estados Unidos de América, Canadá, Belice (América), el Principado de Andorra y Gibraltar (península ibérica), Filipinas (Asia), Marruecos y Sahara Occidental (África). En las Islas Filipinas, el español fue lengua oficial hasta el año 1973, y por eso una gran parte del léxico tagalo y chabacano tiene origen español.

En la actualidad, cerca de quinientos (500) millones de personas hablan español en todo el mundo: unos cuatrocientos (400) millones son hablantes nativos y el resto de hablantes habla español como segunda lengua. El español es lengua oficial de importantes organizaciones e instituciones internacionales del mundo.

¿VERDADERO O FALSO?

Contesta:

	V	F
1. El español no se habla en África.	☐	☐
2. El español es la lengua oficial de más de 20 países.	☐	☐
3. El español es una de las lenguas oficiales de Filipinas.	☐	☐
4. El español es lengua oficial de varias organizaciones internacionales.	☐	☐

Viaje al mundo hispano

그라나다(Granada)의 알람브라 궁전

세고비아(Segovia)의 알카사르(Alcázar)

세고비아(Segovia)의 로마시대 수로

론다(Ronda)

En mi casa y en mi barrio

우리 집과 우리 동네에서

녹음을 듣고 빈칸을 채워 보세요.

En la pensión: Mison está en su nuevo barrio en España

Casera:	¡________ a Madrid, Mison!
Mison:	Muchas gracias, señora Pérez.
Casera:	¿Qué tal _ ____?
Mison:	Bien, pero estoy un poco cansada. Es un viaje bastante largo.
Casera:	¡Sí, es verdad! Mison, esta __ __ habitación. El cuarto de baño está a la derecha de tu habitación y _ _______ está al lado de la cocina.
Mison:	Muy amable, señora. Una pregunta. ¿Hay una ______ cerca de la casa?
Casera:	¡Claro que sí! Hay una farmacia muy grande enfrente de la casa.
Mison:	Y la universidad, ¿dónde está?
Casera:	La _________ está un poco lejos, pero hay una parada del bus universitario ______ __ la casa.
Mison:	Una última pregunta. ¿Hay __ ______ por aquí?
Casera:	Hay muchos bancos dentro del _____ ________ del barrio. El centro comercial está entre la oficina de ______ y la plaza.
Mison:	¡Qué bien! Mil gracias, señora Pérez.
Casera:	¡De nada, Mison!

Diálogo

En la pensión: Mison está en su nuevo barrio en España

Casera:	¡Bienvenida a Madrid, Mison!
Mison:	Muchas gracias, señora Pérez.
Casera:	¿Qué tal el viaje?
Mison:	Bien, pero estoy un poco cansada. Es un viaje bastante largo.
Casera:	¡Sí, es verdad! Mison, esta es tu habitación. El cuarto de baño está a la derecha de tu habitación y el comedor está al lado de la cocina.
Mison:	Muy amable, señora. Una pregunta. ¿Hay una farmacia cerca de la casa?
Casera:	¡Claro que sí! Hay una farmacia muy grande enfrente de la casa.
Mison:	Y la universidad, ¿dónde está?
Casera:	La universidad está un poco lejos, pero hay una parada del bus universitario delante de la casa.
Mison:	Una última pregunta. ¿Hay un banco por aquí?
Casera:	Hay muchos bancos dentro del centro comercial del barrio. El centro comercial está entre la oficina de correos y la plaza.
Mison:	¡Qué bien! Mil gracias, señora Pérez.
Casera:	¡De nada, Mison!

Vocabulario

bienvenido/-a 환영합니다
bastante 충분히, 꽤
pregunta 질문
un poco 조금 / 약간
centro comercial 쇼핑센터
¡qué bien! 좋아요
viaje 여행
¡sí, es verdad! 그래, 맞아
claro que sí 당연히 그렇지요
último/-a 마지막
oficina de correos 우체국
de nada 천만에요

Expresiones útiles

1. **¡bienvenido/-a/-os/-as a + 장소!:** ~에 오신 것을 환영해요.
   ¡Bienvenida a Madrid!
2. **¿dónde *estar* ~?:** ~이 어디에 있어요?
   ¿Dónde está el banco?
3. ***estar* + 전치사(구):** ~에 있어요.
   El centro comercial está entre la oficina de correos y la plaza.
4. **¿hay ~ ?:** ~이 있나요?
   ¿Hay una farmacia cerca de la casa?

Lección 4

Preguntas de comprensión

1. ¿En qué ciudad está Mison?
2. ¿Cómo está Mison ahora?
3. ¿Dónde está la farmacia?
4. ¿Está su universidad cerca de la casa de la Sra. Pérez?
5. ¿Dónde está la parada del bus universitario?

마드리드 길 표지판

똘레도(Toledo) 거리 카페

Gramática y actividades

1. estar 동사

'있다'를 뜻하는 동사로서 주어의 위치나 일시적 상태를 나타낸다.

1) estar 동사의 현재형은 다음과 같다.

estar			
yo	estoy	nosotros / nosotras	estamos
tú	estás	vosotros / vosotras	estáis
usted / él / ella	está	ustedes / ellos / ellas	están

2) 전치사구나 부사와 함께 주어의 위치를 나타낸다.

Yo estoy en mi habitación.	나는 내 방에 있어요.
Ana está aquí.	아나는 여기에 있어요.
Las llaves están en la mesita.	열쇠들은 탁자 위에 있어요.
¿Dónde está Argentina?	아르헨티나는 어디에 있나요?
Está en América del Sur.	남미에 있어요.

3) 형용사 혹은 부사와 함께 쓰여 주어의 상태를 나타낸다. 이때 형용사는 주어의 성과 수에 일치한다.

A: ¿Qué te pasa? ¿Estás bien?
B: Estoy (muy) contento/-a. 기뻐요.
Estoy (muy) triste. 슬퍼요.
Estoy (muy) enojado/-a / enfadado/-a. 화났어요.
Estoy (muy) enfermo/-a. (많이) 아파요.
Estoy (muy) aburrido/-a. 지루해요.
Estoy (muy) ocupado/-a. 바빠요.
Estoy (muy) preocupado/-a. 걱정이 돼요.
Estoy (muy) cansado/-a. 피곤해요.

주의 'ser + 형용사'와 'estar + 형용사' 비교
ser와 함께 나타나는 형용사는 주어에 대한 본질적 모습이나 성격을 나타내는 반면, estar와 함께 나타나는 형용사는 주어에 대한 일시적인 상태를 나타낸다. 한 형용사가 ser 혹은 estar와 함께 오는가 여부에 따라 뜻이 달라지는 경우도 있다.

La mesa 탁자는	es larga. 길다.
	está limpia. 깨끗하다.
La tienda 가게는	es pequeña. 작다.
	está cerrada / abierta. 닫혔다 / 열렸다.
Los médicos 의사들은	son inteligentes. 똑똑하다.
	están cansados. 피곤하다.
Carmen 까르멘은	es lista. 똑똑하다.
	está lista. 준비되었다.

대화문

A: ¿Cómo es tu profesor? 너의 선생님은 어떠시니?
B: Es simpático e idealista. 친절하시고, 이상주의자이셔.

A: ¿Cómo estás? ¿Estás enferma? 잘 지내? 너 아프니?
B: Estoy un poco cansada, pero estoy bien. 조금 피곤하지만, 괜찮아.

A: ¿Está soltero tu hermano? — 너의 형은 미혼이니?
B: No, está casado. — 아니, 결혼했어.

A: ¡Oye, estás muy guapa hoy! — 야, 너 오늘 아주 예쁘구나!
B: Gracias. Tú también estás muy bonita. — 고마워. 너도 아주 예뻐.

연습문제 1

다음 빈칸에 ser나 estar를 이용하여 문장을 완성해 보세요.

1. ¿De dónde __________ José?
2. El banco __________ abierto.
3. Los coches __________ limpios.
4. La habitación __________ grande.
5. Ustedes __________ de Argentina.
6. Los profesores __________ amables.
7. Nosotros __________ abogados.
8. El sofá __________ en el salón.

연습문제 2

다음의 형용사를 사용하여 현재의 상태를 표현해 보세요.

cansado/-a, contento/-a, enfermo/-a, nervioso/-a, ocupado/-a, preocupado/-a, alegre, triste

보기 nosotros, triste → Nosotros estamos tristes.

1. yo, preocupado
2. tú, alegre
3. mis padres, contento
4. el profesor de español, ocupado

5. la niña, enfermo
6. la señorita, nervioso
7. ustedes, triste
8. los médicos, cansado

2. estar와 hay

한국어의 '있다'에 해당하는 표현으로, 존재를 나타내거나 장소 혹은 위치를 표현할 때 estar나 hay 동사를 사용한다. hay는 haber 동사의 3인칭 단수 변이형이다.

1) hay는 어떤 위치를 중심으로 사물이나 사람의 존재 여부를 표현할 때에 사용한다.

¿Qué hay sobre la mesa?		
Sobre la mesa	hay	un libro. unos libros. libros.

¿Qué hay en la habitación? 방에 무엇이 있나요?
Hay una cama. 침대가 하나 있습니다.
¿Qué hay en la mesa? 탁자에 무엇이 있나요?
Hay unos libros. 책들이 있습니다.

2) 특정한 의미를 가지는 명사구는 estar 동사를 사용하여 위치를 표현한다.

¿Dónde están los niños?		
Los niños	están	en casa. en el jardín. en la habitación.

¿Dónde estás? 너 어디 있니?
Estoy en la cocina. 나는 부엌에 있어.
¿Dónde está Alemania? 독일은 어디에 있나요?
Está en Europa. 유럽에 있습니다.

연습문제 3 **Vamos a hablar**

Mi casa

가재도구와 그것이 놓인 장소를 연결하여 말해 보세요.

el sofá, el sillón, el televisor, las sillas, la mesita, la mesa, el inodoro, la cama, la estantería, la bañera, la lavadora, el lavabo, el frigorífico, la lámpara, el armario, la cómoda, el espejo, la alfombra, el escritorio, la planta, el árbol

salón	cocina / comedor	dormitorio / habitación	cuarto de baño	estudio	jardín

보기 A: ¿Dónde está el sofá?
B: El sofá está en el salón.

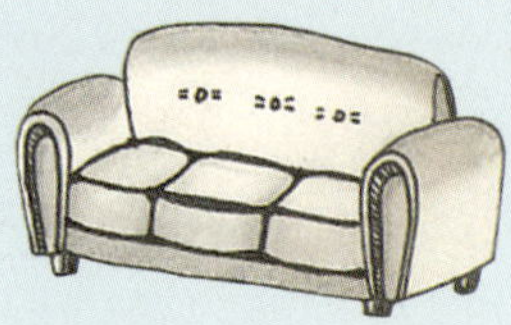

1.

2.

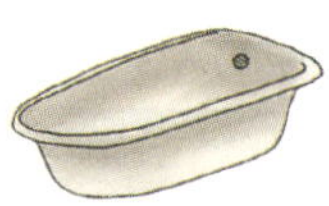

3.

4.

5.

6.

7.

8.

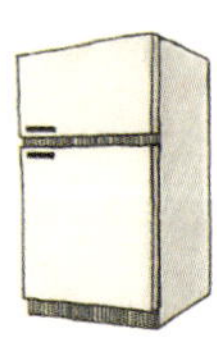

9.

10.

11.

12.
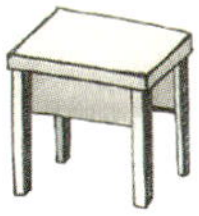

13.

14.
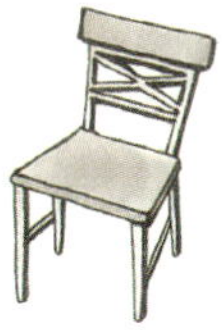

15.

16.
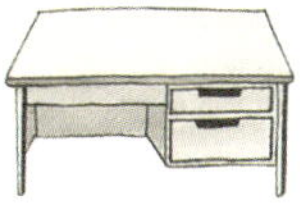

17.

18.

19.

20.

3. 위치의 전치사(구)와 부사

1) 전치사(구)를 이용한 다양한 위치 표현

¿Dónde está el gato? 고양이는 어디에 있나요?		
en		El gato está en el sofá. 고양이는 소파에 있습니다.
sobre		El gato está sobre los libros. 고양이는 책 위에 있습니다.
debajo de		El gato está debajo de la mesa. 고양이가 탁자 밑에 있습니다.
delante de		El gato está delante de la puerta. 고양이는 문 앞에 있습니다.

¿Dónde está el gato? 고양이는 어디에 있나요?		
detrás de		El gato está detrás de la silla. 고양이는 의자 뒤에 있습니다.
al lado de		El gato está al lado del coche. 고양이는 자동차 옆에 있습니다.
a la izquierda de		El gato está a la izquierda de la silla. 고양이가 의자 왼쪽에 있습니다.
a la derecha de		El gato está a la derecha de la mesa. 고양이가 탁자 오른쪽에 있습니다.

2) 그 밖의 전치사들

¿Dónde está el gato? 고양이는 어디에 있나요?		
encima de		El gato está encima de la mesa. 고양이는 탁자 위에 있습니다.
cerca de		El gato está cerca de la casa. 고양이가 집 근처에 있습니다.
lejos de		El gato está lejos de la casa. 고양이가 집에서 멀리 떨어져 있습니다.

¿Dónde está el gato? 고양이는 어디에 있나요?		
dentro de		El gato está dentro de la casa. 고양이는 집 안에 있습니다.
fuera de		El gato está fuera de la casa. 고양이는 집 밖에 있습니다.
entre		El gato está entre la mesa y la silla. 고양이는 탁자와 의자 사이에 있습니다.
al fondo de	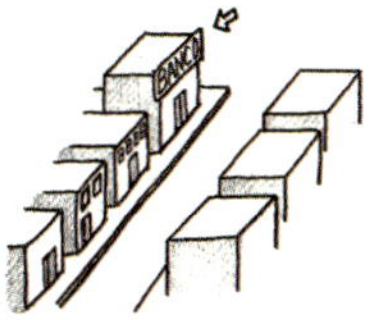	El banco está al fondo de la calle. 은행은 길 끝에 있습니다.
enfrente de / frente a	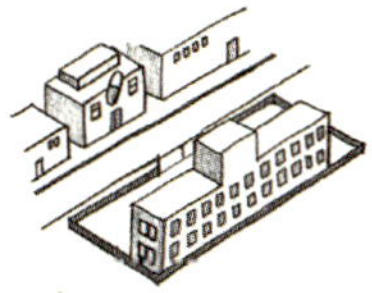	La farmacia está enfrente de / frente a la escuela. 약국은 학교 맞은편에 있습니다.

주의 전치사 de 다음에 남성형 정관사 el이 오면 'del'로 축약된다.
전치사 a 다음에 남성형 정관사 el이 오면 'al'로 축약된다.

de + el → del	El bar está al lado **del** banco.
a + el → al	El banco está frente **al** mercado.

3) 위치를 나타내는 부사: aquí, ahí, allí

중남미 스페인어에서는 aquí와 allí와 같은 뜻으로 각각 acá와 allá를 사용한다.

Ya estamos aquí. 우린 벌써 여기 있어요.
Ahí hay un bolígrafo. 거기에 볼펜이 한 자루 있습니다.
Allí está la calle Princesa. 저기에 쁘린세사 거리가 있습니다.

연습문제 4 **Vamos a hablar**

다음 그림을 보고 질문에 답해 보세요.

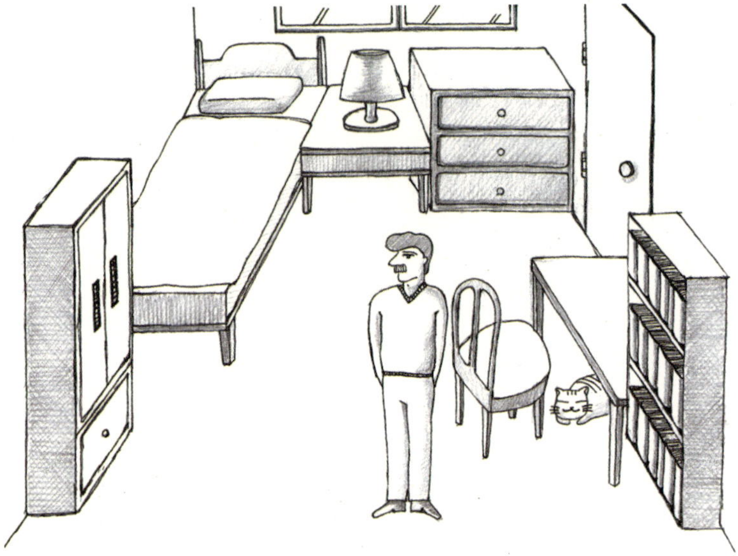

1. ¿Dónde está la mesita?
2. ¿Dónde está la cama?
3. ¿Dónde está el armario?
4. ¿Dónde está el gato?
5. ¿Dónde está la lámpara?
6. ¿Dónde está la cómoda?
7. ¿Dónde está la estantería?
8. ¿Dónde está el hombre?

연습문제 5 **Redacción libre**

Mi casa y mi habitación.
여러분의 집과 여러분의 방을 묘사해 보세요.

보기

Mi casa es grande. En mi casa hay cuatro dormitorios, dos baños, un salón amplio, una cocina y un balcón muy largo. El salón está a la izquierda de la cocina. En el salón hay un sofá, un sillón, un televisor y una mesa con cuatro sillas. Mi habitación está al lado del dormitorio de mis padres. Mi habitación es un poco pequeña, pero muy acogedora. En mi habitación hay una cama, una mesa, una silla, una estantería y un armario para la ropa. La cama está a la derecha, junto a la mesita de noche. Sobre la mesita hay una lámpara en forma de luna. La estantería está enfrente de la cama. En la estantería hay muchos libros y revistas. La mesa está cerca de la ventana y encima de la mesa hay un ordenador. El armario está a la izquierda de la mesa.

4. 장소 및 방위 물어보기

A: ¿Dónde está el Museo Nacional? 국립 박물관이 어디에 있나요?
B: Está en la Plaza Mayor, al lado del ayuntamiento. 시청 옆, 마요르 광장에 있어요.

A: ¿Está cerca de aquí? 여기서 가깝나요?
B: Sí, sí, muy cerca. 네, 아주 가까워요.

A: ¿Dónde está Corea? 한국은 어디에 있니?
B: Está en el noreste de Asia. Al oeste de Japón. 동북아시아에 있어. 일본 서쪽에.

A: ¿Cuál es la capital de Corea? 한국의 수도는 어디니?
B: Es Seúl. Está en el centro de la península coreana. 서울이야. 한반도 중앙에 있지.

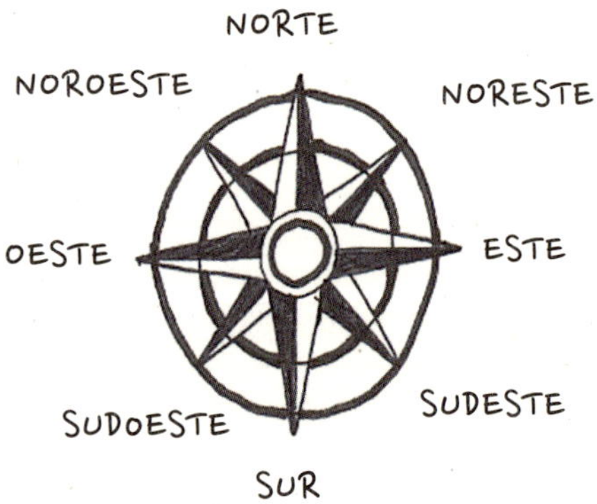

연습문제 6 **Vamos a hablar**

Mi barrio

그림을 보고 동네를 묘사해 보세요.

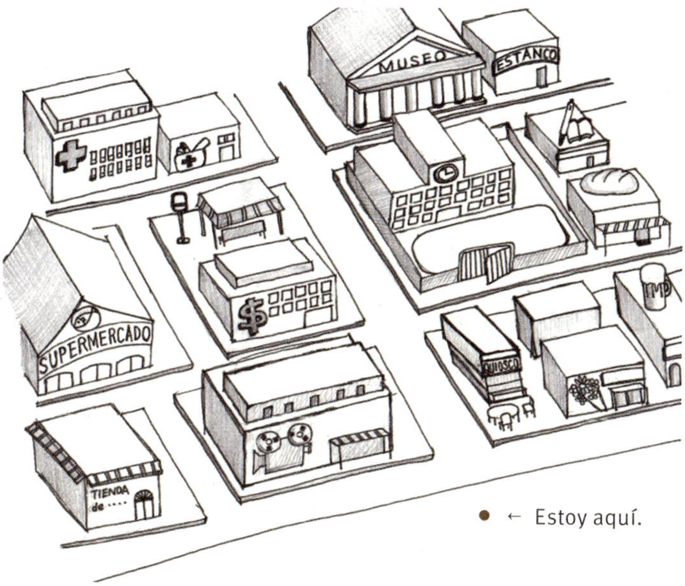

● ← Estoy aquí.

el banco, el mercado, el cine, la farmacia, el hospital, la escuela, el colegio, la parada de autobús, la tienda, el museo, el quiosco, el estanco, la papelería, el bar, la panadería, la florería

보기 ¿Dónde está la farmacia? → Está al lado del hospital.

1. ¿Dónde está el bar?
2. ¿Dónde está el museo?
3. ¿Hay un mercado en este barrio?
4. ¿La escuela está cerca de la parada de autobús?
5. ¿La papelería está al lado del colegio?
6. ¿El hospital está lejos de la farmacia?
7. ¿Dónde está la panadería?
8. ¿Dónde está el estanco?

5. tener 동사의 현재형

tener 가지다			
yo	tengo	nosotros / nosotras	tenemos
tú	tienes	vosotros / vosotras	tenéis
usted / él / ella	tiene	ustedes / ellos / ellas	tienen

A: Profesora Moreno, ¿tiene usted un coche nuevo? — 모레노 선생님, 새 차를 가지고 계시나요?
B: Sí, tengo un Mercedes negro. — 네, 검은 벤츠를 가지고 있습니다.

A: Esteban, ¿tienes clase ahora? — 에스떼반, 너 지금 수업 있니?
B: Sí, tengo clase de español. — 응, 스페인어 수업이 있어.

A: José, ¿tienes tiempo? — 호세, 시간 있니?
B: Lo siento, no tengo tiempo. — 미안, 시간 없어.

A: ¿Cuántos años tiene usted? / ¿Qué edad tiene usted? — 당신은 몇 살입니까?
B: Tengo cuarenta y un años. — 저는 마흔한 살입니다.

A: ¿Qué te pasa? ¿Estás mal? — 무슨 일이니? 안 좋아?
B: Tengo (mucho) frío / calor. — (많이) 추워요 / 더워요.
Tengo (mucha) prisa / hambre / sed. — (많이) 급해요 / 배가 고파요 / 목말라요.
Tengo (mucho) miedo / sueño. — (많이) 무서워요 / 졸려요.
Tengo (mucha) fiebre. — (많이) 열이 있어요.

A: ¿Tienes dolor de cabeza? — 머리가 아프니?
B: No, tengo dolor de estómago. — 아뇨, 배가 아파요.

연습문제 7

tener 동사를 이용하여 표현해 보세요.

1. Luis ________ una moto negra.
2. Mi amigo y yo ________ mucho trabajo.
3. Pablo no ________ celular.
4. Tú no ________ coche, ¿verdad?
5. Nora y Alberto ________ tres amigos españoles.
6. Ustedes ________ muchos amigos.
7. Claudia no ________ clase hoy.
8. Yo no ________ dinero.

연습문제 8

보기와 같이 친구와 대화해 보세요.

보기
A: ¿Cuántos años tienes?
B: Tengo ____________ años. ¿Y tú? ¿Cuántos años tienes?
A: Tengo ____________ años.
B: Eres mayor / menor que yo. / Tenemos la misma edad.

연습문제 9

다음 빈칸에 tener나 estar 동사를 넣어 보세요.

1. Yo no ________ hambre, pero ________ mucha sed.
2. ¿ ________ (tú) prisa? Sí, ________ mucha prisa.
3. Julia ________ enferma. ________ fiebre y mucha tos.
4. Yo no ________ frío. Al contrario, ________ mucho calor.
5. María ________ muy enfadada con Juan.
6. Yo ________ muy contenta, pero mi amigo ________ triste.
7. Nosotros ________ aburridos y ________ mucho sueño.
8. ¿Tú no ________ dolor de cabeza?

6. Números (51-100)

51 cincuenta y uno	52 cincuenta y dos	53 cincuenta y tres
60 sesenta	65 sesenta y cinco	66 sesenta y seis
70 setenta	78 setenta y ocho	79 setenta y nueve
80 ochenta	87 ochenta y siete	90 noventa
94 noventa y cuatro	95 noventa y cinco	100 cien

연습문제 10

보기와 같이 친구와 함께 스페인어로 문제를 서로 내고 답해 보세요.

보기 7 x 8

A: ¿Cuánto es siete por ocho?

B: Cincuenta y seis.

1. 9 × 11
2. 4 × 5
3. 6 × 3
4. 9 × 5
5. 7 × 9
6. 9 × 8

CULTURA

Los idiomas del mundo hispánico

En España hay cuatro idiomas o lenguas diferentes: catalán, gallego, euskera y castellano o español. En América Latina hay más de cuatrocientas (400) lenguas distintas, pero todos los países hispanoamericanos hablan español. En Colombia existen setenta y tres (73) lenguas nativas, en México hay sesenta y dos (62) idiomas nativos, en Bolivia hay treinta y seis (36), Guatemala tiene veintidós (22), en Chile hay quince (15) y en Perú unas cuarenta (40) lenguas indígenas.

En muchos países de Latinoamérica, la gente es bilingüe porque ellos hablan dos o más idiomas. Los idiomas más importantes de Latinoamérica son el guaraní, el aimara y el quechua. El quechua es una de las lenguas indígenas más importantes porque se habla en cinco países de Sudamérica.

El náhuatl es la lengua nativa mexicana más importante porque aproximadamente un millón quinientas mil (1.500.000) personas hablan náhuatl. Otros idiomas nativos son el mapuche en Argentina y Chile, y el quiché en Guatemala. Rigoberta Menchú, Premio Nobel de la Paz en 1992, habla un dialecto del quiché y también, español.

¿VERDADERO O FALSO?

Contesta:	V	F
1. El español es la lengua común de todos los países hispanoamericanos.	☐	☐
2. España tiene dos idiomas: el castellano y el catalán.	☐	☐
3. El náhuatl es la lengua indígena más importante de Hispanoamérica.	☐	☐
4. Perú y Bolivia tienen más de diez idiomas.	☐	☐

Viaje al mundo hispano

스페인어권 나라들의
다양한 언어 사전들

La vida universitaria

대학 생활

녹음을 듣고 빈칸을 채워 보세요.

En el centro universitario: Pablo y Mison se conocen

Pablo: Eres nueva en __ __________, ¿verdad?

Mison: Sí, ___ _________ de intercambio de Corea.

Pablo: ¿Qué estudias?

Mison: Estudio administración de empresas.

Pablo: ¡Qué coincidencia! Yo también ______ la misma carrera.

Mison: ¿Sí? Jajaja. ¡Increíble! ¿Cómo te llamas?

Pablo: Pablo, ¿y tú?

Mison: Me llamo Mison.

Pablo: ¿Dónde ____, Mison?

Mison: Vivo en el centro de la ciudad en una pensión familiar.

Pablo: ¡Qué bien _____ ______!

Mison: Gracias, pero no tanto. Estos días, ___ programas televisivos y ______ la radio para practicar el idioma.

Pablo: ¡Qué diligente! Yo ___ _____ español.

Mison: Bueno, desde ahora, yo te ______ coreano y tú me ______ español.

Pablo: ¡Buena idea!

Diálogo

En el centro universitario: Pablo y Misón se conocen

Pablo:	Eres nueva en la universidad, ¿verdad?
Mison:	Sí, soy estudiante de intercambio de Corea.
Pablo:	¿Qué estudias?
Mison:	Estudio administración de empresas.
Pablo:	¡Qué coincidencia! Yo también estudio la misma carrera.
Mison:	¿Sí? Jajaja. ¡Increíble! ¿Cómo te llamas?
Pablo:	Pablo, ¿y tú?
Mison:	Me llamo Mison.
Pablo:	¿Dónde vives, Mison?
Mison:	Vivo en el centro de la ciudad en una pensión familiar.
Pablo:	¡Qué bien hablas español!
Mison:	Gracias, pero no tanto. Estos días, veo programas televisivos y escucho la radio para practicar el idioma.
Pablo:	¡Qué diligente! Yo solo hablo español.
Mison:	Bueno, desde ahora, yo te enseño coreano y tú me enseñas español.
Pablo:	¡Buena idea!

Vocabulario

centro universitario 대학교 학생회관
administración de empresas 경영학
mismo/-a 같은
increíble 놀라운, 대단한
familiar 가정의 / 가족의
programa televisivo 텔레비전 프로그램
desde ahora 지금부터
estudiante de intercambio 교환학생
coincidencia 우연의 일치
carrera 전공
pensión 하숙집
no tanto 그 정도는 아니야
diligente 부지런한
enseño(enseñar) 가르치다

Expresiones útiles

1. **¿dónde + 동사 + (주어)?:** 어디에서 ~해요?
   ¿Dónde vives?
2. **¿qué + 동사 + (주어)?:** 무엇을 ~해요?
   ¿Qué estudias?

Preguntas de comprensión

1. ¿De qué país es Mison?
2. ¿Qué estudia Pablo?
3. ¿Dónde vive Mison?
4. ¿Cómo practica Mison el español?
5. ¿Qué lenguas habla Pablo?

바르셀로나(Barcelona)의
람블라스 거리(Las Ramblas)

Gramática y actividades

1. 규칙동사의 현재형

스페인어의 모든 동사원형은 '-ar', '-er', '-ir' 중 하나로 끝난다. 규칙변화동사는 어간은 변하지 않고, 어미만 변화한다. 스페인어는 각 인칭별로 동사가 변하여 주어를 확인할 수 있기 때문에 주어를 자주 생략하는 경향이 있다.

1) '-ar'로 끝나는 규칙동사의 현재형

	escuchar 듣다	
yo	escuch-**o**	Escucho música. 나는 음악을 듣는다.
tú	escuch-**as**	Escuchas música. 너는 음악을 듣는다.
usted / él / ella	escuch-**a**	Escucha música. 당신 / 그 / 그녀는 음악을 듣는다.
nosotros / nosotras	escuch-**amos**	Escuchamos música. 우리는 음악을 들어요.
vosotros / vosotras	escuch-**áis**	Escucháis música. 너희들은 음악을 듣는다.
ustedes / ellos / ellas	escuch-**an**	Escuchan música. 당신들 / 그들 / 그녀들은 음악을 듣는다.

andar 걷다
caminar 걷다
cenar 저녁 식사하다
desayunar 아침 식사하다
hablar 말하다
nadar 수영하다
terminar 끝내다
tomar 먹다, 택하다, (차를) 타다

bailar 춤추다
cantar 노래하다
comprar 사다
estudiar 공부하다
manejar 운전하다 (중남미 스페인어), (기계를) 다루다
necesitar 필요하다
tocar 만지다, 연주하다
trabajar 일하다

A: ¿El señor Pérez trabaja en una cafetería? 빼레스씨는 카페에서 일하나요?
B: No, trabaja en una librería. 아니에요, 서점에서 일해요.

A: ¿Hablan ustedes francés? 당신들은 불어를 하시나요?
B: Sí, hablamos francés y coreano. 네, 불어와 한국어를 합니다.

연습문제 1

빈칸을 밑줄 친 동사의 알맞은 형태로 채워 보세요.

1. Ella nada en el mar y yo __________ en la piscina.
2. Carlos toca la guitarra y nosotros __________ el piano.
3. Estudio inglés y ellos __________ historia.
4. Hablamos inglés y el profesor __________ chino.
5. Yo tomo un té y tú __________ un café con leche.
6. Ella baila salsa y sus amigos __________ tango.
7. Usted maneja un automóvil y yo __________ un autobús.
8. Nosotros compramos unas flores y vosotros __________ unos chocolates.

2) '-er'로 끝나는 규칙동사의 현재형

	leer 읽다	
yo	le-**o**	Leo una novela. 나는 소설을 읽는다.
tú	le-**es**	Lees una poesía. 너는 시를 읽는다.
usted / él / ella	le-**e**	Lee el periódico. 당신 / 그 / 그녀는 신문을 읽는다.
nosotros / nosotras	le-**emos**	Leemos el libro. 우리들은 책을 읽는다.
vosotros / vosotras	le-**éis**	Leéis una revista. 너희들은 잡지를 읽는다.
ustedes / ellos / ellas	le-**en**	Leen una carta. 당신들 / 그들 / 그녀들은 편지를 읽는다.

aprender 배우다
comer 먹다
correr 달리다
beber 마시다
comprender 이해하다
vender 팔다

A: ¿Aprende usted chino? 당신은 중국어를 배우시나요?
B: Sí, aprendo chino y japonés. 네, 중국어와 일본어를 배워요.

A: ¿Aquí venden billetes? 여기 차표를 파나요?
B: Sí, vendemos billetes. 네, (우리는) 차표를 팝니다.

A: ¿Qué bebes, tequila o vino? 너는 무엇을 마시니? 테킬라 아니면 포도주?
B: Yo no bebo. 나는 술을 안 마셔.

연습문제 2

빈칸에 알맞은 동사를 써 보세요.

1. Muchos españoles _______ (leer) el periódico *El Mundo*.
2. ¿ _______ (comer) ustedes arroz?
3. No, (nosotros) _______ (comer) pan.
4. Mi madre _______ (leer) la Biblia todos los días.
5. Todos los días Juan _______ (correr) en el parque.
6. Yo no _______ (comprender) nada de la lección.
7. Ella _______ (beber) jugo de naranja.
8. Nosotros ________ (vender) flores.

3) '-ir'로 끝나는 규칙동사의 현재형

	vivir 살다	
yo	viv-**o**	Vivo en el campo. 나는 시골에 산다.
tú	viv-**es**	Vives en la ciudad. 너는 도시에 산다.
usted / él / ella	viv-**e**	Vive en un piso. 당신 / 그 / 그녀는 아파트에 산다.
nosotros / nosotras	viv-**imos**	Vivimos en Madrid. 우리들은 마드리드에 산다.
vosotros / vosotras	viv-**ís**	Vivís en Barcelona. 너희들은 바르셀로나에 산다.
ustedes / ellos / ellas	viv-**en**	Viven en Seúl. 당신들 / 그들 / 그녀들은 서울에 산다.

abrir 열다

escribir (글씨를) 쓰다

decidir 결정하다

asistir 출석하다

recibir 받다

A: ¿Dónde vive usted? 당신은 어디에 삽니까?

B: Vivo en la calle Libertad. 나는 리베르따드 거리에 삽니다.

A: ¿Qué escribes? 너는 무엇을 쓰니?

B: Escribo una carta a mi amigo. 나는 친구에게 편지 한 통을 써.

연습문제 3

빈칸에 알맞은 동사를 써 보세요.

1. La profesora y los estudiantes ________ (decidir) la hora del examen.
2. Pablo ________ (asistir) a la clase.
3. Nosotros ________ (abrir) las ventanas.
4. El niño ________ (recibir) muchos regalos en su cumpleaños.
5. A: ¿Ustedes ________ (vivir) en Panamá?
   B: No, nosotros ________ (vivir) en Paraguay.
6. Yo ________ (escribir) un correo electrónico a mi novio.

연습문제 4

보기와 같이 주어진 표현으로 문장을 완성해 보세요.

> **보기** estudiar: yo / matemáticas / en la escuela
> → Yo estudio matemáticas en la escuela.

1. trabajar: yo / en un restaurante
   la camarera / en una cafetería
2. estudiar: usted / la lección seis
   Juan y yo / economía
3. bailar: yo / con Pablo
   Cristina / con Luis
4. aprender: nosotros / a bailar tango
   Juan y María / a manejar
5. tomar: los niños / helado
   nosotros / café
6. vivir: vosotros / en la ciudad
   vuestros padres / en el campo
7. escribir: yo / una carta
   nosotros / un correo electrónico

연습문제 5

주어진 문장이 답으로 될 수 있는 의문문을 만들어 보세요.

보기 Leo un periódico. ← ¿Qué lees?

1. Vivimos en Madrid. ← ¿Dónde ________________ ?
2. Tomo un té. ← ¿Qué ________________ ?
3. Juan escribe un mensaje. ← ¿Qué ________________ ?
4. Los alumnos aprenden inglés en la academia. ← ¿Dónde ________________ ?
5. Nosotros compramos unos bolígrafos. ← ¿Qué ________________ ?
6. Miro la televisión por la noche. ← ¿Cuándo ________________ ?

연습문제 6 **Vamos a hablar**

Mi rutina diaria 나의 하루 일과

주어진 어휘를 참고하여 여러분이 하는 일을 써 보세요.

참고할 어휘

leer un libro / el periódico
escribir un *e-mail* / un correo electrónico
estudiar en la biblioteca
usar Internet / la computadora / el ordenador
comer en una cafetería / en un restaurante
cenar en casa
esperar el autobús
tomar el taxi / el metro
mirar / ver la televisión
llamar a un(a) amigo/-a
tomar café
beber agua / refresco
charlar con un amigo / una amiga
hablar por teléfono con un amigo / una amiga
descansar en mi casa
lavar la ropa
asistir a clase
visitar páginas web
por la mañana / por la tarde / por la noche
en la escuela / en casa / después de comer

연습문제 7 **Vamos a hablar**

다음 질문에 답해 보세요.

1. ¿Qué tomas por la mañana: leche, café o chocolate caliente?
2. ¿Qué cenas: pescado, carne, arroz o pasta?
3. ¿Ustedes comen temprano o tarde?
4. ¿En qué ciudad vives?
5. ¿Lees muchos libros?
6. ¿Escuchas música cuando estudias?
7. ¿Tomas el metro o el autobús para ir a casa?
8. ¿Hablas mucho por teléfono?

연습문제 8

다음 보기와 같이 주어진 단어를 이용하여 질문에 대답해 보세요.

> **보기** ¿Qué compras? (un ramo de flores)
> → Compro un ramo de flores.

1. ¿Dónde trabajas? (en un hospital) → ______________
2. ¿Qué bebes? (agua) → ______________
3. ¿Qué estudian los alumnos? (francés) → ______________
4. ¿Qué leen ustedes normalmente? (unas revistas) → ______________
5. ¿Qué estudian ustedes? (inglés) → ______________
6. ¿Qué compras en la librería? (unos libros) → ______________
7. ¿Dónde estás? (en la clase de español) → ______________
8. ¿Qué tocan Pedro y Enrique? (la guitarra) → ______________

연습문제 9

다음 질문에 No로 대답해 보세요.

보기 A: ¿Corres mucho por el parque?
B: No, no corro por el parque.

1. ¿Hablas ruso?
2. ¿Vives con tus padres?
3. ¿Aprenden ustedes matemáticas?
4. ¿Comes mucho fuera de casa?
5. ¿Limpias tu habitación todos los días?
6. ¿Bebéis mucha cerveza?
7. ¿Usas mucho Internet?
8. ¿Tocas la guitarra?

연습문제 10 **Vamos a hablar**

주어진 어휘를 참고하여 보기와 같이 대답해 보세요.

보기 A: ¿Qué haces cuando tienes miedo?
B: Cuando tengo miedo, grito y llamo a mi madre.

참고할 어휘

beber mucho	charlar con un buen amigo	comer mucho
consultar con un psicólogo	correr rápido	descansar en casa
escuchar música	gritar	llamar a un amigo
llorar	mirar / ver la televisión	no hablar nada
quedarme en casa	tomar un refresco	tomar un taxi
tomar una aspirina		

1. ¿Qué haces cuando estás aburrido/-a?
2. ¿Qué haces cuando tienes hambre?
3. ¿Qué haces cuando estás triste y preocupado/-a?
4. ¿Qué haces cuando tienes prisa?
5. ¿Qué haces cuando tienes dolor de cabeza?

Las fiestas en el mundo hispánico

CULTURA

La cultura hispana está llena de fiestas tradicionales. Algunas de estas fiestas son religiosas, otras son populares y otras son más familiares.

En primer lugar, están las fiestas religiosas, como la Semana Santa. En Viernes Santo se celebra una procesión de la Pasión de Jesucristo por las calles de muchas ciudades, como Sevilla (España), Cartagena de Indias (Colombia), Taxco (México) o Chocote (Nicaragua). La Navidad es la fiesta más esperada por todos, niños y adultos. Muchas personas piensan que la Navidad es ¡una fiesta de regalos!

En segundo lugar, están las fiestas populares. El carnaval es una fiesta muy alegre en todo el mundo hispano. El carnaval de Río de Janeiro (Brasil) es el más famoso, pero también el de Las Tablas (Panamá) y el de Cádiz (España). Con bailes, disfraces y reinas del carnaval, disfrutan día y noche durante cuatro o cinco días sin parar.

En tercer lugar, están las fiestas familiares que son también tradicionales. La fiesta de la Quinceañera es la más extendida entre toda la población hispana, desde Argentina hasta México y entre la comunidad latina en los Estados Unidos. Cuando las niñas cumplen quince (15) años hay una celebración religiosa y después una fiesta, donde toda la familia celebra su paso de niña a mujer.

¿VERDADERO O FALSO?

Contesta:	V	F
1. Todas las fiestas son familiares.	□	□
2. La Navidad se celebra solo para niños.	□	□
3. La Quinceañera es una fiesta también para los varones.	□	□
4. Los hispanos en los Estados Unidos nunca celebran fiestas.	□	□

Viaje al mundo hispano

15세 성년식(Quinceañera)

성년식(Quinceañera) 초대장

성년식(Quinceañera) 파티 댄스

Esta es mi familia

우리 가족이에요

녹음을 듣고 빈칸을 채워 보세요.

En la universidad: María habla sobre el cumpleaños de su abuelo

Carlos: ¿Qué tal, María?

María: ¡Hola, Carlos!

Carlos: ¿Estás ocupada este fin de semana?

María: Sí, mañana es el ________ de __ _____.

Carlos: ¿Cuántos años _____ tu abuelo?

María: _____ _ ____ años. Mi abuela también tiene la misma edad.

Carlos: ¿_____ viven tus abuelos?

María: Ellos viven en Córdoba.

Carlos: ¿Viven solos tus abuelos?

Maria: No, ellos viven con ___ ___.

En el club de amigos: Isabel y Juan hablan de los miembros de su familia

Isabel: Juan, ¿qué es eso?

Juan: Es una foto de __ _____.

Isabel: A ver…

Juan: Mira, estos del centro son mis abuelos y a su derecha están ___ _____. Esta es mi hermana Carolina y este soy yo.

Isabel: ¡Tienes una familia preciosa!

Juan: Gracias.

Isabel: ¿Qué hacen tus padres?

Juan: Mi padre es _____ y trabaja en un _____ muy grande y mi madre es _______. ¿Y tus padres?

Isabel: Mi padre es diplomático y mi madre es ___ __ ___.

Juan: ¿Vives con ellos?

Isabel: No, yo vivo en _ _______ universitaria porque ellos viven fuera del país.

Diálogo

En la universidad: María habla sobre el cumpleaños de su abuelo

Carlos: ¿Qué tal, María?
María: ¡Hola, Carlos!
Carlos: ¿Estás ocupada este fin de semana?
María: Sí, mañana es el cumpleaños de mi abuelo.
Carlos: ¿Cuántos años cumple tu abuelo?
María: Setenta y cinco años. Mi abuela también tiene la misma edad.
Carlos: ¿Dónde viven tus abuelos?
María: Ellos viven en Córdoba.
Carlos: ¿Viven solos tus abuelos?
Maria: No, ellos viven con mis tíos.

En el club de amigos: Isabel y Juan hablan de los miembros de su familia

Isabel: Juan, ¿qué es eso?
Juan: Es una foto de mi familia.
Isabel: A ver…
Juan: Mira, estos del centro son mis abuelos y a su derecha están mis padres. Esta es mi hermana Carolina y este soy yo.
Isabel: ¡Tienes una familia preciosa!
Juan: Gracias.
Isabel: ¿Qué hacen tus padres?
Juan: Mi padre es médico y trabaja en un hospital muy grande y mi madre es profesora. ¿Y tus padres?
Isabel: Mi padre es diplomático y mi madre es ama de casa.
Juan: ¿Vives con ellos?
Isabel: No, yo vivo en la residencia universitaria porque ellos viven fuera del país.

Vocabulario

fin de semana 주말
cumple(cumplir) 나이가 되다
solos(solo) 혼자서
mira 봐
hacen(hacer) 하다
ama de casa 가정주부
fuera de ~밖에서
cumpleaños 생일
misma edad 같은 나이
a ver 어디 보자
precioso/-a 사랑스런, 아름다운
diplomático 외교관
residencia universitaria 기숙사

Expresiones útiles

1. **¿cuántos años + *tener* / *cumplir* + (주어)?**
   ¿Cuántos años cumple tu abuelo?
2. **este / esta es mi ~: 이 사람이 나의 ~야.**
   Este es mi padre.
3. **estos / estas son mis ~: 이 사람들이 나의 ~야.**
   Estos son mis abuelos.

Lección 6

Preguntas de comprensión

1. ¿De quién es el cumpleaños?
2. ¿Cuántos años tienen los abuelos de María?
3. ¿Dónde viven los abuelos de María?
4. ¿Cuántos miembros tiene la familia de Juan, incluido él?
5. ¿Qué ocupación tienen los padres de Juan?

꼬르도바(córdoba)의
메스끼따(Mozquita) 사원

Gramática y actividades

1. 지시사(Demostrativos)

1) 지시형용사

지시형용사는 명사 앞에 위치하는 한정사로서, 사람이나 사물을 지시하는 데 사용되는 말이며, 우리말의 '이', '그', '저'에 해당한다.

	남성 단수형		남성 복수형		여성 단수형		여성 복수형	
이	este	chico	estos	chicos	esta	chica	estas	chicas
그	ese		esos		esa		esas	
저	aquel		aquellos		aquella		aquellas	

A: ¿Son bonitas estas flores? 이 꽃들 예쁘지?
B: Sí, son muy bonitas. 응, 정말 예뻐.

A: ¿Cuánto cuesta ese bolígrafo? 그 볼펜은 얼마니?
B: Este bolígrafo cuesta diecinueve euros. 이 볼펜은 19유로야.

A: Aquellas casas son muy modernas, ¿verdad? 저 집들은 매우 현대적이야, 그렇지?
B: Sí, además tienen muchos árboles. 응, 게다가 나무도 많아.

2) 지시대명사

지시대명사는 사람이나 사물을 대신하는 말로 우리말의 '이것', '그것', '저것'에 해당하며, 지시형용사와 형태가 같다.

예) [Este muchacho] es mi amigo. → [Este ∅] es mi amigo.
[Estos problemas] son difíciles. → [Estos ∅] son difíciles.
[Aquella profesora] es generosa. → [Aquella ∅] es generosa.

	남성 단수형	남성 복수형	여성 단수형	여성 복수형	중성
이것	este	estos	esta	estas	esto
그것	ese	esos	esa	esas	eso
저것	aquel	aquellos	aquella	aquellas	aquello

주의 중성형 대명사는 추상적 대상이나 명칭이 확정되지 않은 사물을 가리킬 때 사용된다.

A: ¿Qué es esto? 이것은 무엇입니까?
B: Es un ordenador portátil. 노트북입니다.

A: ¿Cuánto vale aquello? 저것은 얼마입니까?
B: Vale cien euros. 100유로입니다.

Esto es todo. Gracias por escucharme. 이게 전부입니다. 제 말을 들어주셔서 감사합니다.
Eso es. 바로 그거예요.

연습문제 1

este / esta / estos / estas / esto 중에서 알맞은 형태를 넣으세요.

1. ________ señoritas trabajan aquí en la oficina de turismo.
2. A: ¿Qué es ________ ?
   B: Es una lámpara de mesa.
3. ________ chicos son los hijos del señor Martínez.
4. ________ niña canta y baila muy bien.
5. ________ muchacho se llama Antonio.
6. ________ es mi amiga Ana.

Lección 6

연습문제 2

ese / esa / esos / esas / eso 중에서 알맞은 형태를 넣으세요.

1. A: ¿Qué es ________ ?
   B: Es un regalo para mi hija.
2. ¿Cómo se llaman ________ chicos de la camiseta roja?
3. ________ son mis amigas de la escuela.
4. ________ señores son los abuelos de Carlos.
5. ¿Cuánto valen ________ gafas?
6. ¿Quién es ________ chico?

연습문제 3

aquel / aquella / aquellos / aquellas / aquello 중에서 알맞은 형태를 넣으세요.

1. __________ son mis padres.
2. __________ son los hijos de Pedro.
3. __________ chica es mi prima Cristina.
4. ¿Quién es __________ chico que corre por el parque?
5. __________ chico que está sentado allí es mi amigo Luis.
6. __________ televisores son muy caros.

연습문제 4

빈칸에 알맞은 지시사를 써 보세요.

1. A: Ana, ¿no es bonita _________ corbata? (이)
   B: Sí, es muy bonita.
2. A: ¿Cuánto vale _________ reloj? (그)
   B: ¿ _________ ? Vale 44 pesos. (이것)
3. A: ¿Cómo se llaman ________ flores? (이)
   B: ________ son rosas y ________ son violetas. (이것들, 저것들)
4. ________ calle es estrecha y ________ es ancha. (이, 저것)
5. ________ son mis tíos y ________ son mis primas. (이 사람들, 저 사람들)

2. 소유사(Posesivos)

1) 전치형 소유형용사: 「소유사 + 명사」

	단수형	복수형
나의 너의 그의 / 그녀의 / 당신의	mi tu su	mis tus sus
우리들의 너희들의 그들의 / 그녀들의 / 당신들의	nuestro / nuestra vuestro / vuestra su	nuestros / nuestras vuestros / vuestras sus

mi padre	나의 아버지	mis padres	나의 부모님
nuestro abuelo	우리의 할아버지	nuestra abuela	우리의 할머니
nuestros primos	우리들의 사촌들	vuestra tía	너희들의 이모 / 숙모

주의 소유사와 명사의 성, 수는 소유하는 사람의 성, 수와는 무관하며, 명사의 성, 수에 일치해야 한다.

예) 그들의 이모: su tía ○ sus tía ×
그녀의 삼촌들: sus tíos ○ su tíos ×

연습문제 5

적당한 소유사를 빈칸에 넣어 보세요.

1. A: ¿Dónde está _________ (너의) casa?
   B: _________ (나의) casa está cerca de la universidad.
2. A: ¿ _________ (너의) hermana vive cerca de tu casa?
   B: No, _________ (나의) hermana vive en el centro con _________ (그녀의) amigas.
3. Pedro y Ana tienen un hijo. _________ (그들의) hijo se llama Carlos.
4. A: ¿Dónde viven _________ (너의) abuelos?
   B: _________ (나의) abuelos viven en el campo.
5. A: _________ (나의) hermana está casada y tiene dos hijas.
   B: ¿Cómo se llaman _________ (그녀의) hijas?
6. ____ (나의) cuñado se llama Diego. Y ____ (나의) sobrina se llama Cristina.

Lección 6

참고 3인칭 소유사 'su'는 여러 의미로 사용된다. 따라서 그 의미를 분명하게 하기 위해서는 다음과 같이 풀어쓰기도 한다.

su coche	el coche **de usted / él / ella**	당신의 / 그의 / 그녀의 차
	el coche **de ustedes / ellos / ellas**	당신들의 / 그들의 / 그녀들의 차
	el coche **de Pablo / de los señores Kim**	빠블로의 / 김씨 부부의 차

2) 후치형 소유형용사: 「관사 + 명사 + 소유사」

명사 뒤에 위치하며, 명사의 성과 수에 일치해야 한다.

소유된 대상이 단수명사		소유된 대상이 복수명사	
el libro mío el libro tuyo el libro suyo	la casa mía la casa tuya la casa suya	los libros míos los libros tuyos los libros suyos	las casas mías las casas tuyas las casas suyas
el libro nuestro el libro vuestro el libro suyo	la casa nuestra la casa vuestra la casa suya	los libros nuestros los libros vuestros los libros suyos	las casas nuestras las casas vuestras las casas suyas

A: ¿Con quién compartes el piso? 너는 누구와 아파트를 같이 쓰니?
B: Con un amigo mío. 내 친구 한 명과.

3) 소유대명사: 「정관사 + ∅ + 후치형 소유사」

이미 알고 있는 명사를 반복하지 않기 위해 명사를 생략하는 경우, 「정관사 + 후치형 소유사」가 나타난다. 이 경우에도 후치형 소유사는 생략된 명사의 성과 수에 일치한다.

남성단수형	여성단수형	남성복수형	여성복수형
el mío	la mía	los míos	las mías
el tuyo	la tuya	los tuyos	las tuyas
el suyo	la suya	los suyos	las suyas
el nuestro	la nuestra	los nuestros	las nuestras
el vuestro	la vuestra	los vuestros	las vuestras
el suyo	la suya	los suyos	las suyas

A: ¿Estas son mis llaves?	이것들이 나의 열쇠니?
B: No, las tuyas están al lado del florero.	아니야, 네 것들은 꽃병 옆에 있어.
A: ¿Dónde están mis zapatos?	내 구두는 어디에 있니?
B: Los tuyos están allí y los míos, aquí.	네 구두는 저기에 있고 내 것은 여기에 있어.
A: ¿Es de Carmen este libro?	이 책은 까르멘의 것이니?
B: No, es mío. El suyo está en su escritorio.	아니, 내 거야. 그녀의 것은 자기 책상에 있어.

주의 후치형 소유사가 ser 동사의 보어로 쓰이는 경우에는 일반적으로 관사가 생략된다.

A: ¿De quién es la llave?	열쇠는 누구의 것이죠?
B: Es mía.	제 것이에요.
A: ¿Este coche es tuyo?	이 차는 네 것이니?
B: No, no es mío. Es de Clara.	아니, 내 것이 아니야. 끌라라의 것이야.
A: ¿Son vuestros estos zapatos?	이 구두는 너희들 것이니?
B: Sí, son nuestros.	응, 우리들 것이야.

연습문제 6

보기와 같이 소유대명사를 사용하여 문장을 재구성하세요.

> **보기** Patricia busca sus zapatos y mis zapatos.
> → Patricia busca sus zapatos y los míos.

1. A: ¿Dónde están mis llaves?
   B: Tus llaves están sobre la mesa.
2. Mis padres son colombianos y sus padres, argentinos.
3. Juan compra mi entrada y tu entrada.
4. Estos son mis cuadros. ¿Dónde están tus cuadros?
5. ¿Tiene usted su cartera o mi cartera?
6. Yo tengo mis libros, pero Susana no tiene sus libros.

연습문제 7

소유대명사를 사용하여 빈칸을 채워 보세요.

1. ¿Es esta tu blusa?
   No, no es ________. (내 것) Es ________. (네 것)
2. ¿Son de Alfonso estos zapatos?
   Sí, son ____________.
3. ¿Es de Carmen este libro?
   No, no es __________. Es __________. (내 것)
4. ¿Son de ustedes estos cuadernos?
   Sí, son __________.
5. ¿Es de ustedes este coche?
   Sí, es __________.
6. ¿Son de la novia estas flores?
   Sí, son __________.

연습문제 8 **Mi familia 가족 관계**

다음 그림을 보고 가족 관계를 나타내는 명사를 익혀보세요.

남성	여성	복수형
padre 아버지	madre 어머니	padres
abuelo 할아버지	abuela 할머니	abuelos
hermano 남자형제	hermana 여자형제	hermanos
hijo 아들	hija 딸	hijos
nieto 손자	nieta 손녀	nietos
tío 삼촌, 이모부, 고모부	tía 숙모, 이모, 고모	tíos
primo 사촌	prima 여자사촌	primos
sobrino 조카	sobrina 여자조카	sobrinos

Lección 6

연습문제 9

〈연습문제 8〉의 그림을 보고 다음 빈칸을 채워 보세요.

1. Los abuelos de Ana se llaman __________ e __________.
2. Sara y Diego tienen dos __________.
3. Isabel es la __________ de Pablo y Pablo es el __________ de Isabel.
4. Carlos y Ana son __________.
5. Sara es la __________ de Ana.
6. Carlos es el __________ de Pablo.
7. Mis sobrinos se llaman __________, __________ y Ana.
8. La __________ de Pablo se llama Elena.

연습문제 10 **Vamos a hablar**

다음 질문에 대답해 보세요.

1. ¿Cómo se llama tu padre / madre?
2. ¿Cuántos años tienen tus padres?
3. ¿Cuántos hermanos tienes?
4. ¿Cómo se llaman tus hermanos?
5. ¿Tienes tíos o tías?
6. ¿Cuántos primos tienes?
7. ¿Está casado/-a tu hermano/-a? ¿Tiene hijos?
8. ¿Estás soltero/-a?

연습문제 11 **Vamos a hablar**

보기와 같이 대화를 완성해 보세요.

A: ¿Cómo se llama usted, señor / señora / señorita?

B: Me llamo _________.

A: ¿Cuántos años tiene?

B: ______________

A: ¿Está usted casado/-a (soltero/-a, viudo/-a, divorciado/-a)?

B: Estoy _________.

A: ¿Tiene usted hermanos?

B: Sí, tengo _______________ y _______________.

A: ¿Cómo se llama su hermano/-a mayor (menor)?

B: Se llama _________.

A: ¿Cuántos años tienen sus hermanos?

B: Mi hermano tiene _________ y mi hermana tiene _________.

연습문제 12 **Redacción libre**

여러분의 가족을 소개하는 글을 써 보세요.

보기

Hay cinco miembros en mi familia: mi padre, mi madre, mi hermano mayor, mi abuela y yo. Mi padre se llama Luis y es médico. Trabaja en un hospital que está cerca de mi casa. Mi padre es alto y un poco gordito. Es moreno y tiene la nariz grande. Mi padre es serio, pero amable. Mi madre se llama Rosa y es ama de casa. Ella cocina muy bien, por eso siempre prepara platos deliciosos para toda la famila. Es un poco baja, pero es muy guapa. Tiene el pelo corto y los ojos grandes. Mi madre es divertida y generosa. El nombre de mi hermano mayor es Jorge. Él tiene treinta años. Está casado con Ester, mi cuñada. Tienen un hijo que se llama Marcos. Mi hermano es más alto que mi padre y es bastante atractivo. Él es profesor y trabaja en una escuela en mi ciudad. Mi abuela materna también vive con nosotros. Ella tiene el pelo gris y rizado. Mi abuela es divertida y canta cuando está contenta. Yo me llamo Ana y tengo veintidós años. Estudio Economía en la universidad. No soy alta ni baja y tengo el pelo largo y liso. Soy una chica activa y sociable.

CULTURA

La familia y los amigos

En las familias hispanas es común tener más de dos hijos, especialmente en los países de Hispanoamérica. La mamá prepara el desayuno para todos desde las 6 o 7 de la mañana, pero cada uno sale de casa a diferente hora. Los jóvenes tienen muchos amigos y toman el almuerzo con ellos al mediodía, en el restaurante de su universidad o en su trabajo. Generalmente, la familia regresa a casa para cenar, porque la mamá cocina algo especial y delicioso.

El domingo es el día para visitar a los abuelos. A veces, en la casa de los abuelos están otros tíos y primos, y comen todos juntos un poco más tarde, entre las 12:00 y las 2:00 de la tarde. Después, algunos juegan en la casa, juegos de mesa como dominó o ajedrez. Los más jóvenes van al cine, primos y hermanos juntos. Las familias están muy unidas y alegres. Todos quieren a sus amigos, pero todos saben que ¡la familia es lo más importante!

¿VERDADERO O FALSO?

Contesta:	V	F
1. La familia en Hispanoamérica está unida.	☐	☐
2. El domingo es un día para estar en casa.	☐	☐
3. Las familias son muy grandes.	☐	☐
4. Las familias comen siempre fuera de casa.	☐	☐

Viaje al mundo hispano

죽은 자의 날(El día de los muertos)

죽은 자의 날(El día de los muertos) 제

첫 영성체 (Primera comunión) 의식

첫 영성체 (Primera comunión) 의식

¡Feliz cumpleaños!

생일 축하해!

녹음을 듣고 빈칸을 채워 보세요.

En la cafetería: hablando del cumpleaños de Carla

Sofía: __ ______ es el cumpleaños de Carla.

Juan: ¿Sí?

Sofía: Pensamos hacer una "_____ _______" en su casa. ¿Puedes asistir?

Juan: ¡Claro! Carla es una buena compañera. ¿A qué hora empieza la fiesta?

Sofía: A __ ___ de la tarde.

Juan: ¡Estupendo! ¿Qué _____ piensas comprar?

Sofía: Yo un perfume o una billetera. ¿Y tú?

Juan: No sé todavía. Pero mañana _____ voy al centro comercial para comprar __ _____.

Sofía: Bueno, entonces nos vemos ______ _______ en el club. De allí vamos todos juntos a casa de Carla.

Juan: Sí, sí. Gracias.

En casa de Carla:

Ding, dong

Carla: ¿Quién es?

Compañeros: ¡Sorpresa! ¡____ __________, Carla!

Carla: ¡Oh! ¡Gracias! ¡Muchas gracias a todos! Adelante, por favor.

Compañeros: Gracias··· Carla, estos son _______ ______.

Carla: ¡Qué emoción! Sois muy ______ ______.

Compañeros: ¡Ahora _ ____ y las velas! Uno, dos, tres···
Cumpleaños feliz, cumpleaños feliz,
te deseamos todos, __________ ___
¡Bravo! (*aplausos*)

Carla: ¡Gracias, amigos!

Diálogo

En la cafetería: hablando del cumpleaños de Carla

Sofía:	El viernes es el cumpleaños de Carla.
Juan:	¿Sí?
Sofía:	Pensamos hacer una "fiesta sorpresa" en su casa. ¿Puedes asistir?
Juan:	¡Claro! Carla es una buena compañera. ¿A qué hora empieza la fiesta?
Sofía:	A las seis de la tarde.
Juan:	¡Estupendo! ¿Qué regalo piensas comprar?
Sofía:	Yo un perfume o una billetera. ¿Y tú?
Juan:	No sé todavía. Pero mañana jueves voy al centro comercial para comprar un regalo.
Sofía:	Bueno, entonces nos vemos pasado mañana en el club. De allí vamos todos juntos a casa de Carla.
Juan:	Sí, sí. Gracias.

En casa de Carla:

	Ding, dong
Carla:	¿Quién es?
Compañeros:	¡Sorpresa! ¡Feliz cumpleaños, Carla!
Carla:	¡Oh! ¡Gracias! ¡Muchas gracias a todos! Adelante, por favor.
Compañeros:	Gracias··· Carla, estos son nuestros regalos.
Carla:	¡Qué emoción! Sois muy buenos amigos.
Compañeros:	¡Ahora la tarta y las velas! Uno, dos, tres··· Cumpleaños feliz, cumpleaños feliz, te deseamos todos, cumpleaños feliz ¡Bravo! (*aplausos*)
Carla:	¡Gracias, amigos!

Vocabulario

sorpresa 놀람
venir 오다
¡estupendo! 훌륭해, 좋아
billetera 지갑
centro comercial 쇼핑센터
¡qué emoción! 감동이야
vela 촛불
tarta 케이크
puedes(poder) 할 수 있다
pensamos(pensar) 생각하다
perfume 향수
no sé todavía 아직 몰라
regalo 선물
aplauso 박수, 갈채
pasado mañana 모레

Expresiones útiles

1. **¿a qué hora + 동사 + (주어)?:** 몇 시에 ~해요?
   ¿A qué hora empieza la fiesta?
2. **¿qué + 명사 + *pensar* + 동사원형 + (주어):** 무슨 ~을 ~할 생각이에요?
   ¿Qué regalo piensas comprar?

Preguntas de comprensión

1. ¿Qué día de la semana es el cumpleaños de Carla?
2. ¿Qué piensan hacer sus amigos para ella?
3. ¿Es la fiesta de cumpleaños por la tarde o por la noche? ¿A qué hora?
4. ¿Qué regalo piensa comprar Sofía para Carla?
5. ¿Cuándo va a ir Juan a comprar el regalo?

생일 사탕박(Piñatas)

Gramática y actividades

1. 시간 표현

1) ¿Qué hora es? / ¿Qué hora tienes? 몇 시입니까?

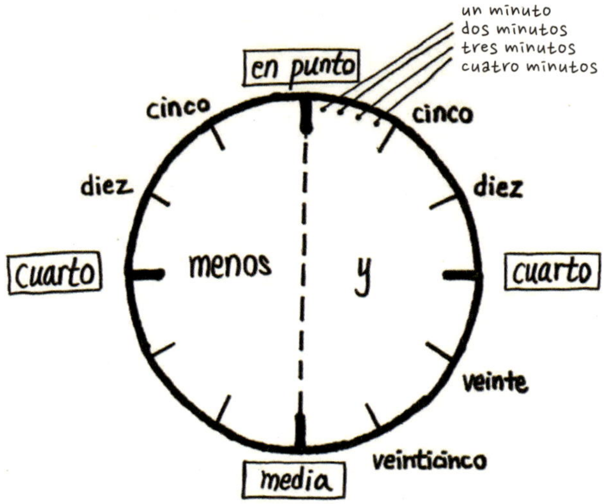

<table>
<tr><td>Es</td><td>la</td><td>una</td><td rowspan="2">y</td><td rowspan="2">cinco
diez
cuarto
veinte
media</td><td rowspan="3">de la mañana
de la tarde
de la noche
de la madrugada</td></tr>
<tr><td rowspan="2">Son</td><td rowspan="2">las</td><td rowspan="2">dos
tres
cuatro
⋮
nueve
diez
once
doce</td></tr>
<tr><td>menos</td><td>cinco
diez
cuarto</td></tr>
</table>

A: Perdón, señor. ¿Qué hora tiene? 실례합니다만, 몇 시입니까?
B: Es la una en punto. 정각 1시입니다.
Son las tres y cuarto. 3시 15분입니다.
Son las cinco y media. 5시 반입니다.
Son las seis menos cinco. 6시 5분 전입니다.
Son casi las ocho. 8시가 다 되었습니다.
Es mediodía. 정오입니다.
Es medianoche. 자정입니다.

2) '오전', '오후', '밤'으로 구분하기 위해서 시간 뒤에 'de la mañana', 'de la tarde', 'de la noche'를 덧붙여 사용한다.

Son las ocho de la mañana.	오전 8시입니다.
Es la una de la tarde.	오후 1시입니다.
Son las once de la noche.	밤 11시입니다.

3) '몇 시에~'라는 의미를 갖는 질문으로 ¿A qué hora + 동사 + 주어? 형태를 사용한다.

A: ¿A qué hora empieza la clase de español?	스페인어 수업은 몇 시에 시작합니까?
B: Empieza a las diez de la mañana y termina a las once y media.	오전 10시에 시작해서 11시 반에 끝납니다.
A: ¿A qué hora abren los bancos?	은행은 몇 시에 열지요?
B: Abren a las nueve.	9시에 엽니다.
A: ¿A qué hora cierran?	몇 시에 닫나요?
B: Cierran a las 4 de la tarde.	오후 4시에 닫아요.

Lección 7

4) '~시부터 ~시까지'의 의미는 「de ~ a ~」 또는 「desde la / las ~ hasta la / las ~」의 표현을 사용한다.

A: ¿Trabajas por la mañana?	너는 아침에 일하니?
B: Sí, trabajo de nueve a doce.	응, 9시부터 12시까지 일해.
A: Pues, yo trabajo desde las diez hasta las dos de la tarde.	나는 말이야 10시부터 오후 2시까지 일해.

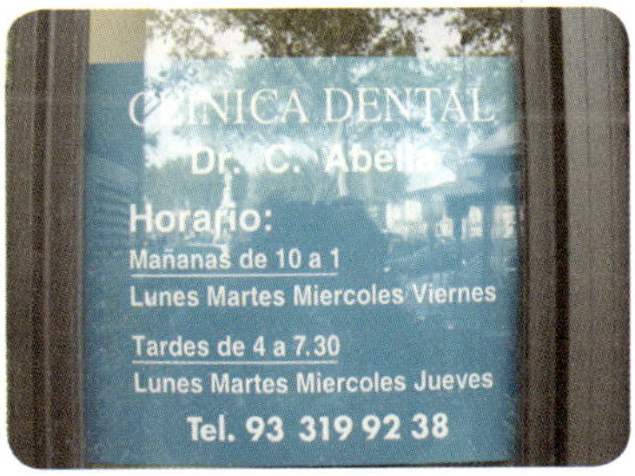

연습문제 1

시간을 말해 보세요.

1. 2. 3. 4.

연습문제 2

다음은 세계 각국의 시간입니다. 보기와 같이 질문하고 대답해 보세요.

보기 A: ¿Qué hora es en Chicago?
B: Es la una y media de la tarde.

연습문제 3

다음 공연 시간표를 보고 친구에게 서로 질문하고 답하세요.

보기 A: ¿A qué hora es la función de flamenco?
B: Es a las siete y media de la tarde.

función de flamenco: 19:30
función de tango: 20:15
presentación de la película: "La Mala Educación" 22:00
presentación de la película: "Avatar" 21:45
Concierto de música clásica: 18:30
Concierto de música pop: 16:20

2. 어간모음 불규칙 동사: 'e' 모음 불규칙 동사 e → ie

현재형에서 어간의 'e' 모음이 'ie'로 변하는 동사. 1·2인칭 복수형에서는 변하지 않는다.

	pensar 생각하다	**querer** 원하다	**preferir** 선호하다
yo	p**ie**nso	qu**ie**ro	pref**ie**ro
tú	p**ie**nsas	qu**ie**res	pref**ie**res
usted / él / ella	p**ie**nsa	qu**ie**re	pref**ie**re
nosotros / nosotras	pensamos	queremos	preferimos
vosotros / vosotras	pensáis	queréis	preferís
ustedes / ellos / ellas	p**ie**nsan	qu**ie**ren	pref**ie**ren

cerrar 닫다
empezar 시작하다
perder 잃다
mentir 속이다
comenzar 시작하다
nevar 눈이 오다
entender 이해하다
sentir 느끼다, 유감이다

nevar 동사는 날씨를 나타내는 동사이므로 3인칭 단수형인 nieva로만 쓰인다.

연습문제 4

괄호 안에 적당한 동사형을 넣어 보세요.

1. A: ¿Qué _______ (pensar, tú) hacer esta noche?
   B: _______ (pensar, yo) ir al cine con Carmen.
2. A: ¿En qué _______ (pensar, usted)?
   B: _______ (pensar, yo) en mi novia.
3. A: ¿ _______ (cerrar, ellos) temprano el banco en España?
   B: Sí, lo _______ (cerrar, ellos) a las dos de la tarde.
4. A: ¿ _______ (entender, tú) francés?
   B: No, todavía no _______ (entender, yo) francés.
5. A: ¿ _______ (querer, tú) un café?
   B: No, gracias. _______ (preferir, yo) tomar té.
6. A: Fernando, ¿me _______ (querer, tú)?
   B: Claro que sí. Te _______ (querer, yo) mucho.
7. A: ¿Qué _______ (querer, ustedes) hacer este invierno?
   B: _______ (querer, nosotros) viajar por México para visitar a nuestros amigos.
8. Lo _______ (sentir, yo) mucho.

3. 서수(Ordinales)

Vivimos	en	la	primera segunda tercera cuarta quinta ⋮ décima	planta
Vivimos	en	el	**primer** segundo **tercer** ⋮ sexto séptimo octavo noveno décimo	piso

1) 서수는 수식하는 명사 앞에 위치하며, 해당 명사의 성과 수에 일치한다.

el cuarto día　　네 번째 날
la Segunda Guerra Mundial　　제2차 세계대전
mis primeras vacaciones　　나의 첫 번째 휴가

2) primero와 tercero는 남성 단수명사 앞에서 어미 'o'가 탈락된다.

mi primer amor　　나의 첫 사랑
el tercer golpe de estado　　세 번째 쿠데타
la primera página　　첫 페이지
la tercera visita　　세 번째 방문

A: ¿La oficina de Álvaro está en el séptimo piso?
B: No, está en la octava planta.

알바로의 사무실은 8층에 있나요?
아니오, 9층에 있어요.

A: ¿A qué piso va usted?
B: Al segundo.

몇 층에 가세요?
3층에 가요.

A: ¿Cuál es tu dirección?
B: Calle Goya, número 35, cuarto B. (C/Goya, n° 35, 4° B)

너의 주소는 뭐니?
고야 거리 35번지, 5층 B호야.

한국에서의 건물 1층은 스페인어로 'piso bajo', 'planta baja'라고 하며, 2층은 'primer piso', 3층은 'segundo piso'라 부른다. 따라서 'décimo piso'는 실제로 한국에서의 11층에 해당된다. 지하층은 sótano라고 하며, 'primer sótano', 'segundo sótano'는 각각 지하 1층, 지하 2층을 뜻한다.

연습문제 5

¿Cuál es tu especialidad / carrera?
각자 전공에 대하여 말해 보세요.

참고할 어휘

derecho, humanidades, lengua y literatura, comunicación, periodismo, ciencias naturales, física, química, matemáticas, ingeniería, ciencias políticas, relaciones internacionales, psicología, historia, filosofía, administración de empresas, economía, medicina, enfermería, diseño, arte, música, educación

Mi especialidad / carrera es ____________________

연습문제 6 **Vamos a hablar**

¿Qué clases tienes en este semestre/trimestre?
각자의 수업 시간표를 만들어 보고 보기와 같이 말해 보세요.

Universidad Complutense de Madrid Nombre ____________					
hora / día	**lunes**	**martes**	**miércoles**	**jueves**	**viernes**
9:00~10:15	biología	laboratorio	psicología		español
10:30~11:45		historia	filosofía	inglés	sociología
11:45~1:00					
1:00~4:00	almuerzo	almuerzo	almuerzo	almuerzo	almuerzo
4:00~5:15	literatura			informática	economía
5:15~6:30			matemáticas		

Universidad ____________ Nombre ____________					
hora / día	**lunes**	**martes**	**miércoles**	**jueves**	**viernes**

1. ¿Tienes muchas clases? ¿Qué clases tienes?
2. ¿Cuándo tienes la clase de español?
3. El lunes, ¿qué clases tienes? ¿A qué hora tienes la primera clase?
4. ¿Cuándo almuerzas?
5. ¿A qué hora empieza la segunda clase el martes? ¿A qué hora termina?
6. ¿A qué hora termina la última clase el jueves?

4. Números (100-9.999)

100 cien	101 ciento uno	102 ciento dos
123 ciento veintitrés	184 ciento ochenta y cuatro	190 ciento noventa
200 doscientos	300 trescientos	400 cuatrocientos
500 quinientos	600 seiscientos	700 setecientos
800 ochocientos	900 novecientos	990 novecientos noventa
1.000 mil	1.002 mil dos	
1.121 mil ciento veintiuno	1.998 mil novecientos noventa y ocho	
2.000 dos mil	3.000 tres mil	

9.999 nueve mil novecientos noventa y nueve

1) 100은 cien이지만 101부터 199까지는 ciento로 읽는다.

cien rosas	백 송이 장미	cien árboles	백 그루의 나무
ciento un coches	101대의 자동차	ciento una flores	101송이 꽃

2) 200–999 사이의 숫자에서 100단위 수는 수식하는 명사의 성에 일치시킨다.

doscientos cuarenta y un libros	241권의 책들
doscientas cincuenta y una casas	251채의 집들
quinientos hombres	500명의 남자들
setecientas mujeres	700명의 여자들
cuatrocientas cincuenta y cinco pelotas	455개의 공들

3) 천 단위는 mil이며 단·복수 동형이다. 따라서 2,000은 dos mil이다.

4) 접속사 "y"는 십 단위와 일 단위 사이에만 사용한다. 십 단위가 "o"이면 사용하지 않는다.

ciento treinta y cinco 135 | ciento cinco 105

연습문제 7

¿Cuánto cuesta / vale esto?

보기와 같이 물건 값을 묻고 대답해 보세요.

보기 A: ¿Cuánto cuesta(n) / vale(n) ________________?
B: Cuesta(n) / Vale(n) ________________.
→ A: ¿Cuánto cuesta el televisor? (899,99)
B: Cuesta 899 euros y / con 99 céntimos.

1. el celular / móvil
235,74 euros

2. las gafas de sol
105,21 euros

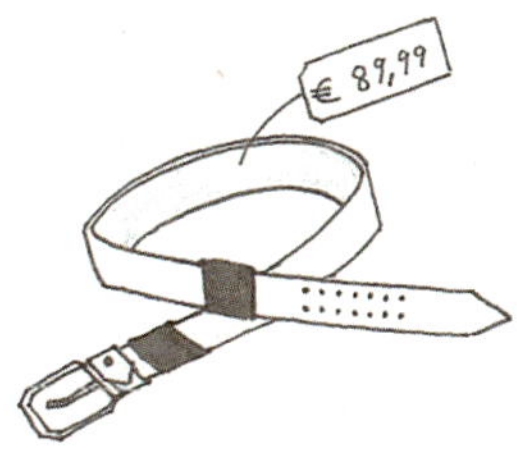

3. el cinturón de cuero
89,99 euros

4. el coche
9.900 dólares

5. el bolso de piel
289,99 dólares

6. la bicicleta
9.875 pesos

7. el ordenador
1.599 pesos

8. los zapatos
7.900 pesos

Euros y céntimos

Pesos y centavos

5. 요일 및 날짜

1) 요일

¿Qué día (de la semana) es hoy?		
Hoy es	lunes	월요일
	martes	화요일
	miércoles	수요일
	jueves	목요일
	viernes	금요일
	sábado	토요일
	domingo	일요일

A: ¿Qué día es hoy? 오늘은 무슨 요일입니까?
B: Hoy es jueves. 오늘은 목요일입니다.

A: ¿Qué días tienes la clase de español? 너는 무슨 요일에 스페인어 수업 있니?
B: Los lunes y miércoles. 월요일과 수요일마다 있어.

A: ¿Qué haces los sábados? 너는 토요일마다 무엇을 하니?
B: Los sábados estoy en la pensión todo el día. 토요일에는 하루 종일 하숙집에 있어.

2) 날짜

¿Qué fecha es hoy? / ¿A cuántos estamos hoy?			
Hoy es (el) Estamos a	primero / uno dos tres cuatro ... diez ... veinte ... treinta treinta y uno	de	enero 1월 febrero 2월 marzo 3월 abril 4월 mayo 5월 junio 6월 julio 7월 agosto 8월 septiembre 9월 octubre 10월 noviembre 11월 diciembre 12월

A: ¿Qué fecha es hoy? 오늘은 며칠입니까?
B: Hoy es (el) 11 de mayo. 오늘은 5월 11일입니다.

A: ¿Cuándo es tu cumpleaños? 네 생일은 언제니?
B: Es el 2 de marzo. 3월 2일이야.
A: Entonces, ¿a cuántos estamos? 그럼 오늘은 며칠이니?
B: Estamos a primero de marzo. 오늘은 3월 1일이야.
A: ¡Feliz cumpleaños! 생일 축하해!

연습문제 8

Los días feriados

다음 명절이나 국경일이 언제인지 알아보세요.

보기 A: ¿Cuándo es Navidad?
B: Es el 25 de diciembre.

1. el Día de los Niños
2. Nochevieja
3. el Día de los Reyes Magos
4. el Día de los Enamorados / el Día de San Valentín
5. el Día de los Padres
6. el Día de los Maestros
7. el Día de Independencia en tu país
8. Nochebuena

표현을 배워 보세요

¡Feliz Navidad y próspero Año Nuevo!

연습문제 9 **Aprendamos a cantar.**

인터넷에서 스페인어로 된 생일축하 노래를 찾아 배워 봅시다.

México에서는 생일축하 노래로 "Las mañanitas"를 주로 부른다.

1. España
Cumpleaños feliz, cumpleaños feliz,
te deseamos todos, cumpleaños feliz.

2. Otros países
Feliz cumpleaños a ti, feliz cumpleaños a ti,
te deseamos contentos, un cumpleaños feliz.

Cumpleaños feliz. Te deseamos a ti
Cumpleaños felices. Te deseamos a ti

연습문제 10

다음 같이 질문하고 대답해 보세요.

> **보기** A: ¿Cuándo es el cumpleaños de Juan? (2/3)
> B: Es el dos de marzo.

1. Luis, 29/12
2. Marisa, 26/5
3. Tu padre, __________
4. Tu madre, __________
5. Tu cumpleaños, __________

> **보기** A: ¿Cuándo es la fecha de nacimiento de tu padre? (15/7/1959)
> B: Es el 15 de julio de mil novecientos cincuenta y nueve.

6. Josefa, 15/6/1999
7. Mario, 5/7/2001
8. Tu abuelo, __________
9. Tu hermano/-a, __________
10. Tu fecha de nacimiento, __________

연습문제 11 **Vamos a hablar**

일주일 동안에 여러분이 하는 일을 agenda에 적고 보기와 같이 말해 보세요.
다음과 같은 빈도 부사를 활용하여 이야기해 보세요.

siempre, normalmente, con frecuencia, a menudo, a veces,
nunca, una vez al día, dos veces a la semana, tres veces al mes,
cuatro veces al año

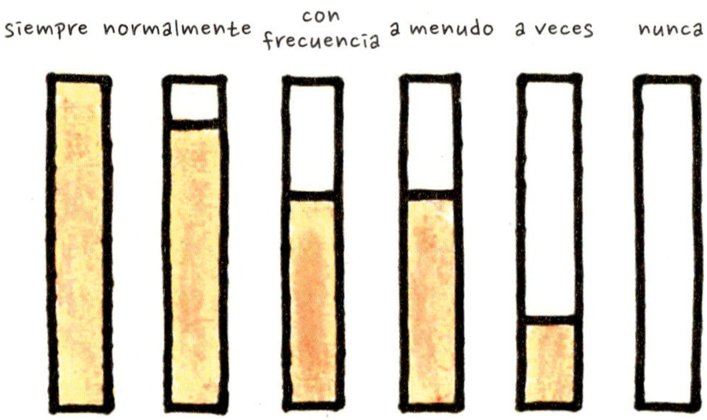

lunes	martes	miércoles	jueves	viernes	sábado	domingo
visitar a mis abuelos …	estudiar en la biblioteca …	cenar con María …	beber cerveza con amigos …	correr por el parque …	tener clase privada de inglés …	dormir en casa …

El lunes siempre visito a mis abuelos.
El martes normalmente estudio en la biblioteca.
El miércoles a veces ceno con María.
…

CULTURA

El horario habitual de los españoles

En España, el horario habitual del desayuno es de 8:00 h a 10:00 h de la mañana. El almuerzo, en los restaurantes, va desde las 13:30 h hasta las 15:30 h, mientras que la cena se sirve de 20:30 h a 23:00 h. Muchos establecimientos (cafeterías y bares) ofrecen servicio a lo largo de todo el día, en los cuales es posible tomar tapas, platos combinados y bocadillos. Los cines suelen tener un horario flexible, comenzando hacia las 16:30 h o 17:00 h, en una sesión continua hasta las 22:00 h, pero también hay cines con horarios de madrugada. Los teatros suelen ofrecer una sesión única a las 20:00 h. Por la noche, sobre todo de jueves a domingo, los bares de copas y discotecas suelen estar abiertos hasta las 2:00 h o 3:00 h de la madrugada y, a veces, permanecen abiertos hasta el amanecer. El horario comercial más usual de las tiendas es de lunes a sábado de 9:30 h a 13:30 h y de 16:30 h a 20:00 h. Los supermercados, centros comerciales y grandes almacenes tienen un horario continuado de 10:00 h a 21:00 h o 22:00 h. Algunos domingos del año, los grandes centros comerciales abren también sus puertas al público. Las farmacias tienen un horario habitual de 9:30 h a 13:30 h y de 16:30 h a 20:00 h, aunque algunas permanecen abiertas las 24 horas del día.

¿VERDADERO O FALSO?

Contesta:	V	F
1. Los bares y cafeterías cierran al mediodía.	☐	☐
2. Los grandes almacenes abren a las 8:30 de la mañana.	☐	☐
3. Las tiendas pequeñas cierran a la hora del almuerzo.	☐	☐
4. Los supermercados suelen estar cerrados los domingos.	☐	☐

Viaje al mundo hispano

타파스(Tapas) 바(Bar)

마드리드의 산미겔(San Miguel) 시장

마드리드 마요르 광장(Plaza mayor)

¿Qué tiempo hace hoy?

오늘 날씨 어때요?

녹음을 듣고 빈칸을 채워 보세요.

En la agencia de viajes: la señora Pérez reserva un viaje para sus padres

Sra. Pérez:	¡Buenas tardes!
Agente:	¡Buenas tardes, señora! ¿Qué desea?
Sra. Pérez:	Quiero un paquete turístico para dos personas.
Agente:	Muy bien. ¿Adónde _____ _____?
Sra. Pérez:	No sé todavía. Como es un viaje para mis padres, quiero elegir un buen lugar, sobre todo, un lugar con ____ _____.
Agente:	¿Qué le parece Sudamérica?
Sra. Pérez:	¿Sabe ___ ______ hace allí?
Agente:	El tiempo depende de ____ ____. ¿Qué tal el Caribe? Tenemos un crucero muy cómodo y elegante.
Sra. Pérez:	¿Sí? ¿Cómo es _ _____ allí?
Agente:	En el Caribe ______ hace buen tiempo, a veces ____ _____, pero es muy suave y refrescante. Es un lugar ideal para descansar.
Sra. Pérez:	¡_______! Entonces, quiero un viaje al Caribe.

Diálogo

En la agencia de viajes: la señora Pérez reserva un viaje para sus padres

Sra. Pérez:	¡Buenas tardes!
Agente:	¡Buenas tardes, señora! ¿Qué desea?
Sra. Pérez:	Quiero un paquete turístico para dos personas.
Agente:	Muy bien. ¿Adónde quiere viajar?
Sra. Pérez:	No sé todavía. Como es un viaje para mis padres, quiero elegir un buen lugar, sobre todo, un lugar con buen clima.
Agente:	¿Qué le parece Sudamérica?
Sra. Pérez:	¿Sabe qué tiempo hace allí?
Agente:	El tiempo depende de cada país. ¿Qué tal el Caribe? Tenemos un crucero muy cómodo y elegante.
Sra. Pérez:	¿Sí? ¿Cómo es el clima allí?
Agente:	En el Caribe siempre hace buen tiempo, a veces hace viento, pero es muy suave y refrescante. Es un lugar ideal para descansar.
Sra. Pérez:	¡Perfecto! Entonces, quiero un viaje al Caribe.

Vocabulario

agencia de viajes 여행사
no sé todavía 아직 몰라
sobre todo 무엇보다도
crucero 유람선 여행
refrescante 상쾌한
paquete turístico 여행 패키지 상품
elegir 고르다
depende de(depender de) ~에 따라 다르다
suave 부드러운
descansar 쉬다

Expresiones útiles

1. *querer* + 동사원형 : ~하길 원해요.
   Quiero elegir un buen lugar con buen clima.
2. ¿qué + 간접목적대명사 + *parecer* + 명사?: ~에게 ~이 어떤 것 같아요?
   ¿Qué te parece Sudamérica?
3. ¿qué tiempo hace en ~?: ~에 날씨가 어때요?
   ¿Qué tiempo hace allí?
4. ¿cómo es el clima de ~?: ~의 기후는 어때요?
   ¿Cómo es el clima allí?

Preguntas de comprensión

1. ¿Dónde está la Sra. Pérez?
2. ¿Qué quiere comprar?
3. ¿Quién va a viajar?
4. ¿Qué lugar elige la Sra. Pérez para el viaje de sus padres?
5. ¿Cómo es el clima en el Caribe?

Lección 8

카리브의 휴양지 깐꾼(cancún)

Gramática y actividades

1. 어간모음 불규칙 동사

1) 'o' 모음 불규칙 동사와 'u' 모음 불규칙 동사: o → ue, u → ue

현재형에서 어간의 모음 'o'나 'u'가 'ue'로 변한다. 1·2인칭 복수형에서는 변하지 않는다.

	encontrar 만나다	**poder** ~할 수 있다	**dormir** 자다	**jugar** 놀다
yo	enc**ue**ntro	p**ue**do	d**ue**rmo	j**ue**go
tú	enc**ue**ntras	p**ue**des	d**ue**rmes	j**ue**gas
usted / él / ella	enc**ue**ntra	p**ue**de	d**ue**rme	j**ue**ga
nosotros / nosotras	encontramos	podemos	dormimos	jugamos
vosotros / vosotras	encontráis	podéis	dormís	jugáis
ustedes / ellos / ellas	enc**ue**ntran	p**ue**den	d**ue**rmen	j**ue**gan

almorzar 점심을 먹다
recordar 기억하다
contar 얘기하다, 계산하다
mover 움직이게 하다
soler ~하곤 하다

costar 비용이 들다
volar 날다
llover 비가 오다
volver 돌아오다
morir 죽다

llover 동사는 날씨를 나타내는 동사이므로 3인칭 단수형 llueve로만 쓰인다.

연습문제 1

괄호 안에 적당한 동사형을 넣어 보세요.

1. A: ¿A qué hora _________ (almorzar) los españoles?
   B: Creo que los españoles _________ (almorzar) muy tarde, sobre las dos.
2. A: ¿Cuánto _________ (costar) esta computadora portátil?
   B: Solo _________ (costar) trescientos dólares.
3. A: ¿ _________ (recordar, tú) que tenemos una reunión esta tarde?
   B: ¡Cómo no! Lo _________ (recordar, yo) bien.
4. A: ¿ _________ (poder, tú) venir a mi casa esta tarde?
   B: Lo siento, no _________ (poder, yo).
5. A: ¿Cuándo _________ (volver, tú)?
   B: _________ (volver, yo) mañana por la mañana.
6. A: ¿Qué _________ (soler, tú) hacer los fines de semana?
   B: _________ (soler, yo) dormir y descansar en casa.
7. A: ¿ _________ (dormir, tú) en la clase de español?
   B: No, no _________ (dormir, yo) nunca.
8. A: ¿ _________ (llover) mucho en Corea?
   B: No todo el tiempo. Solamente en verano _________ (llover) mucho.

2) 'e' 모음 불규칙 동사: e → i

'-ir'로 끝나는 동사에서 어간모음 'e'가 'i'로 변한다. 단, 1·2인칭 복수형에서는 변하지 않는다.

	pedir 부탁하다, 주문하다	**repetir** 반복하다	**seguir** 계속하다
yo	pido	repito	sigo
tú	pides	repites	sigues
usted / él / ella	pide	repite	sigue
nosotros / nosotras	pedimos	repetimos	seguimos
vosotros / vosotras	pedís	repetís	seguís
ustedes / ellos / ellas	piden	repiten	siguen

servir 봉사하다, 쓰이다
vestir 옷을 입히다
conseguir 획득하다, 얻다
medir 재다, 길이가 ~이다
reír 웃다

연습문제 2

괄호 안에 적당한 동사형을 넣어 보세요.

1. A: ¿Qué ________ (pedir) ellos de postre?
   B: (Ellos) ________ (pedir) tarta de queso.
2. A: ¿Para qué ________ (servir) esta máquina?
   B: ________ (servir) para cortar metales.
3. A: ¿ ________ (seguir, nosotros) esta calle para ir a la biblioteca?
   B: Sí, correcto.
4. A: Los estudiantes ________ (repetir) las palabras de la lección 8.
   B: Pero, Juan no ________ (repetir) nada. ________ (seguir) hablando con su compañero.
5. A: ¿Cuánto ________ (medir) (tú)?
   B: (Yo) ________ (medir) uno setenta.

2. 1인칭 단수 불규칙 동사

1) dar와 ver

	dar 주다	ver 보다
yo	**doy**	**veo**
tú	das	ves
usted / él / ella	da	ve
nosotros / nosotras	damos	vemos
vosotros / vosotras	dais	veis
ustedes / ellos / ellas	dan	ven

A: ¿Qué le das a tu amiga? 너의 친구에게 무엇을 주니?
B: Le doy un regalo. 나는 그녀에게 선물을 줘.

A: ¿Ves algo? 뭐 좀 보여?
B: No, no veo nada sin mis gafas. 아니, 나는 내 안경 없이는 아무것도 안 보여.

연습문제 3

dar나 ver의 적당한 동사형을 넣어 문장을 완성해 보세요.

1. Nosotros ________ la televisión todas las noches.
2. A: ¿(Tú) ________ el partido de fútbol en el estadio?
   B: No, (yo) ________ el partido en mi casa.
3. A: ¿Cuándo (nosotros) nos ________ ?
   B: Nos ________ mañana a las cinco.
4. Siempre (yo) ________ un paseo por el parque por las mañanas.
5. Cada año (nosotros) ________ una fiesta de cumpleaños para nuestra hija.
6. A: Normalmente, ¿qué regalo le ________ (tú) a tu nieta para su cumpleaños?
   B: (Yo) Le ________ un sobre con dinero.

2) 1인칭 단수형이 '-go'인 불규칙 동사

	decir 말하다	venir 오다	oír 듣다	poner 놓다	salir 나가다	hacer 하다	traer 가져오다
yo	**digo**	**vengo**	**oigo**	**pongo**	**salgo**	**hago**	**traigo**
tú	dices	vienes	oyes	pones	sales	haces	traes
usted / él / ella	dice	viene	oye	pone	sale	hace	trae
nosotros / nosotras	decimos	venimos	oímos	ponemos	salimos	hacemos	traemos
vosotros / vosotras	decís	venís	oís	ponéis	salís	hacéis	traéis
ustedes / ellos / ellas	dicen	vienen	oyen	ponen	salen	hacen	traen

연습문제 4

괄호 안에 적당한 동사형을 넣어 보세요.

1. A: ¿Cómo _______ (venir, tú) a la clase?
   B: Siempre _______ (venir, yo) en autobús, pero a veces _______ en taxi.
2. A: ¿ ________ (decir) usted la verdad?
   B: Sí, siempre ________ (decir, yo) la verdad.
3. A: ¿_______ (oír, tú) algo?
   B: No, no _______ (oír, yo) nada.
4. A: ¿A qué hora _______ (salir, tú) para la escuela?
   B: ______________ (salir, yo) a las ocho de la mañana.
5. A: ¿Qué ________ (poner) ustedes en la mesa?
   B: ________ (poner, nosotros) un florero y muchas flores.
6. A: ¿Qué ________ (traer, tú) a clase?
   B: Siempre ________ (traer, yo) libros y cuadernos.
7. A: ¿Qué ________ (hacer, tú) los domingos?
   B: _______ (hacer, yo) ejercicio en un gimnasio.

3. 날씨의 표현

¿Qué tiempo hace hoy? 오늘 날씨가 어때요?	
- Hace (mucho) frío.	(매우) 춥습니다.
calor.	덥습니다.
sol.	해가 납니다.
viento / brisa.	바람이 붑니다.
fresco.	선선합니다.
- Hace (muy) buen / mal tiempo.	(매우) 좋은 / 나쁜 날씨입니다.
- Llueve (mucho).	비가 (많이) 옵니다.
- Nieva (mucho).	눈이 (많이) 옵니다.
- Hay niebla / tormenta / chubasco.	안개 / 폭풍우 / 소나기가 옵니다.
- Está nublado / despejado.	구름이 꼈습니다 / 날씨가 맑습니다.

A: ¿Cuántas estaciones hay en Corea? 한국에는 몇 개의 계절이 있어요?
B: Hay cuatro estaciones: primavera, verano, otoño e invierno. 사계절이 있어요. 봄, 여름, 가을, 겨울이에요.

A: ¿Qué tiempo hace en verano en Corea? 한국의 여름 날씨는 어때요?
B: Hace mucho calor y llueve mucho. El clima es muy húmedo. 매우 덥고 비가 많이 와요. 날씨가 매우 습해요.
A: ¿Y en invierno? 그러면 겨울에는요?
B: Hace mucho frío. A veces nieva y, en general, el clima es seco. 매우 추워요. 가끔 눈이 오고 날씨가 보통은 건조해요.

A: ¿Cómo es el clima de España en verano? 스페인의 여름 날씨는 어떤가요?
B: Hace mucho sol y hace muchísimo calor. 해가 나고 매우 더워요.

연습문제 5

다음 그림을 보고 날씨를 표현해 보세요.

1.

2.

3.

4.

5.

6.

7.

8.

연습문제 6

Las cuatro estaciones del año 사계절

primavera

verano

otoño

invierno

> **보기** A: ¿Qué estación es en Corea en mayo?
> B: En mayo en Corea es primavera.

1. en septiembre, en Corea
2. en junio, en Australia
3. en diciembre, en Perú

4. en abril, en Argentina
5. en enero, en Rusia
6. en mayo, en Francia
7. en noviembre, en España
8. en agosto, en Nueva Zelanda

연습문제 7 Vamos a hablar
질문에 대답해 보세요.

1. ¿Qué tiempo hace hoy?
2. ¿Qué tiempo hace en Corea en verano?
3. ¿Nieva mucho en tu país en invierno?
4. ¿Cómo es el clima de tu país en primavera?
5. ¿Qué tiempo hace en otoño en tu país?
6. ¿Cuál es la temperatura máxima de hoy? (Es de ~ grados centígrados)
7. ¿Cuál es la temperatura mínima de hoy? (Es de ~ grados centígrados) (bajo cero)
8. ¿Cuál es tu estación favorita? ¿Por qué?

4. Números (10.000 이상)

10.000 diez mil
20.000 veinte mil
100.000 cien mil
500.000 quinientos mil
980.000 novecientos ochenta mil
1.000.000 un millón
4.000.000 cuatro millones
10.000.000 diez millones
20.000.000 veinte millones
100.000.000 cien millones

스페인에서는 숫자 천 단위마다 ','(쉼표) 대신 '.'(마침표)를 찍는다. 소숫점의 표시는 반대로 ','(쉼표)를 찍는다(예: 0,7). 중남미에서는 한국과 마찬가지로 천 단위에는 ','(쉼표), 소숫점에는 '.'(마침표)를 사용한다.

1) mil은 직접 수식하는 명사의 성과 수에 따라 변하지 않는다.

mil soldados 천 명의 군인들
veinte mil euros 2만 유로
setecientos mil ciudadanos 70만 시민들

2) millón은 명사를 직접 수식하는 경우 전치사 'de'가 필요하다.

un millón de dólares 100만 달러
cien millones de wones 1억 원

3) 막연한 수의 표현은 다음과 같다.

decenas de personas 수십 명
cientos de personas 수백 명
miles de personas 수천 명
millones de personas 수백만 명

연습문제 8
다음 물건을 보고 물음에 대답해 보세요.

보기 A: ¿Qué quieres para tu cumpleaños?
B: Quiero una computadora nueva.
A: ¿Cuánto cuesta una computadora?
B: Cuesta un millón doscientos setenta mil wones.

1. una computadora (1.270.000 wones)
2. una bicicleta (250.000 wones)
3. una moto (5.000.000 wones)
4. un coche nuevo (30.000.000 wones)
5. una cámara digital (340.500 wones)
6. un televisor (2.500.000 wones)
7. un equipo de música (823.000 wones)

연습문제 9

다음과 같은 표현을 사용하여 대략의 숫자를 말해 보세요.

unos, más o menos, aproximadamente, más de, menos de, casi

보기 A: ¿Cuántos habitantes tiene Madrid? (4.850.000)
B: Tiene menos de / casi cinco millones de habitantes.

1. Seúl (11.250.000)
2. Nueva York (8.104.079)
3. Londres (7.500.000)
4. París (2.170.000)
5. Buenos Aires (2.776.138)
6. México, D.F. (8.720.916)
7. Tokio (8.650.000)
8. Pekín (15.224.754)

5. 필요나 의무를 나타내는 표현들

1) 「tener que + 동사원형」: ~할 필요가 있다. ~해야 한다. 필요성을 나타낸다.

A: ¿Usted tiene que ir a la biblioteca hoy? 오늘 도서관에 가야 해요?

B: Sí, tengo que estudiar porque tenemos un examen mañana. 네, 내일 시험이라서 공부해야 해요.

2) 「no tener que + 동사원형」: ~할 필요가 없다. 불필요성을 나타낸다.

No tengo que hacer nada, porque mi amiga prepara todo para la fiesta.	난 아무것도 할 필요가 없어. 내 친구가 파티를 위한 모든 것을 준비하니까.
Hoy no tengo que ir a la escuela porque es feriado.	오늘은 휴일이기 때문에 나는 학교에 가지 않아도 된다.

3) 「deber + 동사원형」: ~해야만 한다. 의무를 나타낸다.

Ustedes deben llevar su pasaporte y la tarjeta de embarque.	여러분은 여권과 탑승권을 가지고 계셔야 합니다.
Todo el mundo debe respetar a los otros.	모든 사람은 다른 사람들을 존중해야 합니다.

4) 「no deber + 동사원형」: ~해서는 안 된다. 강한 금지를 나타낸다.

¡Niños! No debéis cruzar la calle corriendo.	얘들아. 뛰면서 길을 건너서는 안 돼요.
No deben comer con las manos sucias.	더러운 손으로 먹으면 안 돼요.

주의 「deber de + 동사원형」는 '~일 것이다'라는 추측의 의미를 지닌다.

Debes de estar muy cansado.	넌 분명 피곤하겠구나.
Juan no debe de venir.	후안은 안 오는 게 틀림없어.

5) 「hay que + 동사원형」: 특정한 사람이 아니라 모든 사람들이 일반적으로 해야 하는 의무나 필요성을 나타낼 때 사용된다.

A: Para la salud hay que hacer ejercicio.	건강을 위해서 운동을 해야 해.
B: ¡Es verdad! También hay que dejar de fumar.	맞아. 그리고 담배도 끊어야 해.

연습문제 10

다음 주어진 표현을 정렬하여 문장을 완성해 보세요.

> **보기** para encender la pantalla, hay que, este botón, pulsar
> → Hay que pulsar este botón para encender la pantalla.

1. para viajar a los EE.UU., tener el visado, hay que
2. comprar una entrada, hay que, para ir al concierto
3. para hablar bien, practicar, hay que
4. para llegar a tiempo a la reunión, tomar el taxi, hay que
5. estudiar mucho, tú, tener que, para tener buenas notas
6. nosotros, tener que, correr, para no perder el autobús

연습문제 11

질문에 보기와 같이 답해 보세요.

> **보기** A: ¿Puedo usar el celular en la clase?
> B: Sí, puedes usar el celular en la clase.
> No, no debes usar el celular en la clase.

1. ¿Puedo ir al servicio durante la clase?
2. ¿Puedo hacer preguntas durante el examen?
3. ¿Puedo comer algo en la clase?
4. ¿Puedo sacar fotos en el museo?

보기 A: ¿Llevo mi coche?
B: Sí, tienes que llevar tu coche.
No, no tienes que llevar tu coche.

5. ¿Te llamo mañana por la mañana?
6. ¿Llevo regalos para los niños?
7. ¿Llevo mi carné de identidad?
8. ¿Llamo a otros amigos?

연습문제 12 Vamos a hablar

보기와 같이 질문을 만들고 대답해 보세요.

보기 A: ¿Qué debes hacer en la biblioteca? ¿Qué es lo que no debes hacer?
B: Debo estudiar. No debo hablar mucho.
A: ¿Qué tienes que hacer en la empresa? ¿Qué es lo que no tienes que hacer?
B: Tengo que trabajar. No tengo que cantar.

1. en la biblioteca
2. en la empresa
3. en la policía
4. en tu casa
5. en la clase
6. en el club
7. en el concierto
8. en el café

CULTURA

Hispanoamérica, América Latina e Iberoamérica

¿América Latina, Hispanoamérica o Iberoamérica? Son términos que parecen iguales, pero nacieron de ideas diferentes. Veamos sus significados:

1. América Latina: conjunto de países de América colonizados por naciones latinas tales como España, Francia y Portugal.
2. Iberoamérica: países que antes formaron parte de los reinos de España y Portugal.
3. Hispanoamérica: países de América que tienen como idioma el español.

Aunque existen los gentilicios "latinoamericano, iberoamericano e hispanoamericano", en los Estados Unidos de América suele usarse el término 'latino' o 'hispano' para referirse a los inmigrantes de los países americanos y sus descendientes que hablan el idioma español. Sin embargo, las personas llamadas 'latinas' o 'hispanas' prefieren ser identificados por el gentilicio del país de donde provienen, por ejemplo: español, mexicano, peruano, salvadoreño, etcétera.

Hay también otras denominaciones que provienen de un referente puramente geográfico y para denominarlos son agrupados por bloques geográficos. Por ejemplo: Norte América, Centroamérica, El Caribe, Suramérica o Sudamérica.

Todos los gentilicios o términos que se usan para definir la procedencia de una persona con origen en el continente americano son insuficientes para definirla con exactitud.

¿VERDADERO O FALSO?

Contesta:	V	F
1. Latino o hispano es una persona que vive en Latinoamérica.	☐	☐
2. Iberoamérica incluye España.	☐	☐
3. Francia y España no son países latinos.	☐	☐
4. Los sudamericanos hablan solo español.	☐	☐

Viaje al mundo hispano

가우초 원주민(los Gauchos)

페루 리마의 중앙 광장

팜파스 초원

Lección 9

¿Qué vas a hacer este fin de semana?

이번 주말에 뭐해요?

녹음을 듣고 빈칸을 채워 보세요.

En la cafetería de la facultad: Carlos invita a María al cine.

Carlos:	¿Qué vas a hacer este __ __ ______?
María:	Nada especial. Voy a estar en casa.
Carlos:	Pues, ¿______ _ cine?
María:	¡Magnífico! ¿Qué película vamos a ver?
Carlos:	Una ______ de acción. ___ ______ estrenan una película muy interesante.
María:	¡Ah! ¿Sí? ¿En qué ___ la van a proyectar?
Carlos:	En el cine que está enfrente del ayuntamiento.
María:	¿A qué hora y dónde ________?
Carlos:	A __ ____ de la tarde enfrente de la taquilla. Primero, ___ _ ver el horario y te envío __ ______ a tu móvil. Luego, voy a reservar las entradas por Internet.
María:	¡Perfecto! Después de la película, ¿qué _____ _ hacer?
Carlos:	¿Por qué no vamos a _____ ___ ___?
María:	¡Buena idea! Hasta el sábado.

Diálogo

En la cafetería de la facultad: Carlos invita a María al cine.

Carlos: ¿Qué vas a hacer este fin de semana?
María: Nada especial. Voy a estar en casa.
Carlos: Pues, ¿vamos al cine?
María: ¡Magnífico! ¿Qué película vamos a ver?
Carlos: Una película de acción. Este sábado estrenan una película muy interesante.
María: ¡Ah! ¿Sí? ¿En qué cine la van a proyectar?
Carlos: En el cine que está enfrente del ayuntamiento.
María: ¿A qué hora y dónde quedamos?
Carlos: A las cinco de la tarde enfrente de la taquilla. Primero, voy a ver el horario y te envío un mensaje a tu móvil. Luego, voy a reservar las entradas por Internet.
María: ¡Perfecto! Después de la película, ¿qué vamos a hacer?
Carlos: ¿Por qué no vamos a tomar una copa?
María: ¡Buena idea! Hasta el sábado.

Vocabulario

nada especial 특별한 일 없어
magnífico 대단한
proyectar 상연하다
quedamos(quedar) 만나다
mensaje 메세지
copa 술잔, 술 한잔
pues 글쎄, 그러면
estrenan(estrenar) 개봉하다
ayuntamiento 시청
taquilla 매표소
entrada 입장권, 표

Expresiones útiles

1. **¿qué *ir* a + 동사원형 + 시간?**: ~에 무엇을 할 예정이에요?
   ¿Qué vas a hacer este fin de semana?
2. **¿qué + 명사 + vamos a + 동사원형?**: 우리 무슨 ~를 ~할까요?
   ¿Qué película vamos a ver?
3. **¿por qué no + 동사 (nosotros형 현재)?**: 우리 ~하지 않을래요?
   ¿Por qué no vamos a tomar una copa?
4. **¿동사 (nosotros형 현재)?**: 우리 ~할까요?
   ¿Vamos al cine?

Preguntas de comprensión

1. ¿Está ocupada María este fin de semana?
2. ¿Qué plan tiene Carlos?
3. ¿Qué tipo de película quiere ver Carlos?
4. ¿Qué día, a qué hora y en qué lugar quedan Carlos y María?
5. ¿Cómo va a comprar Carlos las entradas?

고야(Goya)의 마하부인

Gramática y actividades

1. Ir 동사 변화와 용법

1) 장소의 표현: ir a + 장소 '~에 가다'

<table>
<tr><th colspan="3">¿Adónde vas ahora? 너 지금 어디 가니?</th></tr>
<tr><td rowspan="2">Voy
Vas
Va
Vamos
Vais
Van</td><td>al</td><td>cine
restaurante
mercado</td></tr>
<tr><td>a la</td><td>biblioteca
escuela
playa</td></tr>
</table>

2) 가까운 미래의 표현: ir a + 동사원형 '~할 것이다'

<table>
<tr><th colspan="3">¿Qué vas a hacer mañana? 너 내일 뭐 할 거니?</th></tr>
<tr><td>Voy
Vas
Va
Vamos
Vais
Van</td><td>a</td><td>ver televisión
escuchar música
viajar
dar una fiesta
bailar en una discoteca
pasear por el parque</td></tr>
</table>

A: ¿Adónde van ustedes ahora? 지금 어디 가세요?

B: Vamos a la fiesta de cumpleaños de Rosa. 로사의 생일파티에 가요.

A: ¿Qué van a hacer ustedes este fin de semana?	이번 주말에 여러분들 뭐 할 거예요?
B: Vamos a jugar al tenis. ¿Y usted?	우리는 테니스를 칠 거예요. 당신은요?
A: Voy a visitar a mis padres.	저는 부모님을 뵈러 갈 거예요.

A: ¿Qué van a hacer los alumnos durante las vacaciones de invierno?	학생들은 겨울방학 동안 무엇을 할 예정인가요?
B: Van a viajar por países latinoamericanos.	중남미 여행을 할 예정이에요.

참고 전치사와 관사의 축약형: 'al'과 'del'

a + el → al a + la → a la	Tú vas a la biblioteca y yo voy al cine. 너는 도서관에 가고 나는 영화관에 간다. Mi hermano mayor va al gimnasio tres veces a la semana. 내 형은 일주일에 세 번 체육관에 갑니다.

de + el → del de + la → de la	Vamos a hablar del tema 'medio ambiente'. '환경'이라는 주제에 대해 이야기해 봅시다. Esta cartera es del señor González, no de la señora Martínez. 이 지갑은 마르띠네스 부인의 것이 아니라 곤살레스 씨의 것입니다.

연습문제 1 **Vamos a hablar**

El fin de semana

주말에 대해 주어진 표현을 사용하여 보기와 같이 답해 보세요.

보기 A: ¿Qué vas a hacer este fin de semana?

B: El viernes por la noche voy a salir con mis amigos.
El sábado por la mañana voy a descansar en mi casa.
Por la tarde, voy a jugar al fútbol y, por la noche, voy a ir de copas con unos amigos.
El domingo por la mañana voy a ir a la iglesia.
Y, por la tarde, voy a limpiar mi casa.
Por la noche, voy a estudiar y voy a hacer mi tarea de español.

durante las próximas vacaciones de verano / invierno
el próximo fin de semana
el próximo verano / el verano que viene
el viernes por la noche
en tu próximo cumpleaños
mañana
hoy
después de esta clase

참고할 어휘

bailar en un club
cenar en un restaurante
cocinar
dar una fiesta
descansar en casa
dormir todo el día
estudiar mucho
hacer ejercicio
hacer mi tarea
ir a un concierto
ir a una fiesta
ir a la iglesia
ir al cine
ir de compras
ir de copas
jugar al tenis / fútbol / baloncesto
lavar ropa
leer un libro / el periódico / una revista
limpiar mi casa / mi cuarto
montar en bicicleta
pasar tiempo con mi familia / mis amigos
pasear por un parque
salir con mis amigos
salir con mi novio/-a
ver televisión / una telenovela / una serie / una película
viajar por / a ~

연습문제 2 **Vamos a hablar**

대화를 완성해 보세요.

1. A: ¿Qué vas a hacer las próximas vacaciones de verano?
   B: Voy a viajar.
   A: ¿Adónde vas a viajar?
   B: Voy a viajar a ________.
   A: ¿Cómo vas a ir?
   B: En ________.
   A: ¿Con quién vas a ir?
   B: _____________.

2. A: ¿Qué vas a hacer este fin de semana?
   B: Voy a ir al cine.
   A: ¿Qué película vas a ver?
   B: Voy a ver ________.
   A: ¿Con quién vas a ir?
   B: Voy a ir con ___________.

연습문제 3

Tipos de película y tipos de música

película romántica / cómica / musical / de acción / de misterio / de horror / de ciencia ficción / de aventura / de fantasía

música folclórica / alternativa / moderna / popular / clásica / tradicional

¿Qué tipo de película prefieres ver?
¿Qué tipo de música prefieres escuchar?

연습문제 4 **¿Conoces estas películas? ¿De qué tipo son las películas?**

영화 포스터를 보고 영화 제목과 연결해 보세요.

1.

2.

3.

4.

5.

6.

"Solo en casa"	"El hombre araña"
"Los miserables"	"Parque jurásico"
"Camino a casa"	"El señor de los anillos"

연습문제 5

Medios de transporte 교통수단

en tren

en avión

en barco

en bicicleta

en coche

en autobús

en metro

en taxi

en moto

andando / a pie

1. ¿Cómo vas a la universidad?
2. ¿Cómo vas a tu casa?
3. ¿Cómo vas a la isla *Jeju*?
4. ¿Cómo vas a España?
5. ¿Cómo vas a un parque?
6. ¿Cómo vas a la casa de tus abuelos?
7. ¿Cómo vas al Museo Nacional?
8. ¿Cómo vas al centro de la ciudad?

2. 전치격 인칭대명사

전치사 다음에 위치하는 대명사이며, 1·2인칭 단수형을 제외하고는 주격 인칭대명사와 그 형태가 동일하다.

Este regalo	es	para	**mí**
			ti
			usted / él / ella
El profesor	habla bien	de	**nosotros / nosotras**
			vosotros / vosotras
			ustedes / ellos / ellas

A: ¿Para quién es este regalo? 이 선물 누구에게 줄 거야?
B: Es para ti. 너한테 줄 선물이야.

A: ¿Qué dicen tus padres de mí? 부모님이 나에 대해서 뭐라고 하셔?
B: Hablan muy bien de ti. 너에 대해 아주 좋게 말씀하셔.

주의 전치사 con과 함께 나타날 경우, 전치격 대명사 mí와 ti는 각각 conmigo와 contigo가 된다.

A: ¿Quieres venir a una fiesta conmigo? 나와 함께 파티에 갈래?
B: Claro que sí. Contigo voy al fin del mundo. 물론이지. 너와 함께라면 세상 끝까지 같이 갈 거야.

Lección 9

연습문제 6

전치격 대명사를 사용하여 문장을 완성해 보세요.

1. Este regalo es para ________. (당신)
2. ¿Quiere ir a comer ________? (나와 함께)
3. Siempre pienso en ________. (너)
4. Gracias a ________ puedo tener un trabajo. (당신들)
5. Todo el mundo habla de ________. (그녀들)
6. No puedo hacer nada sin ________. (너)

3. 직접목적대명사

직접목적어를 대신하여 사용하는 대명사를 지칭하며, 동사 앞에 위치한다.

		단수형	복수형
1인칭		**me** 나를	**nos** 우리를
2인칭		**te** 너를	**os** 너희를
3인칭	남성	**lo** 그를 / 그것을 / 당신을 / 그 사실을	**los** 그들을 / 그것들을 / 당신들을
	여성	**la** 그녀를 / 그것을 / 당신을	**las** 그녀들을 / 그것들을 / 당신들을

1) 목적어가 사물인 경우

A: ¿Tiene María coche? 마리아는 차를 가지고 있니?
B: Sí, lo tiene. 네, 그것 가지고 있어요.

A: ¿Tienen ustedes los pasaportes? 당신들은 여권 가지고 있어요?
B: No, no los tenemos. Los dejamos en casa. 아니요. (그것을) 가지고 있지 않아요. (그것들을) 집에 두고 왔어요.

2) 목적어가 사람인 경우

A: Juan, ¿me quieres? 후안. 너는 나를 사랑하니?
B: Claro. Te quiero mucho. 물론이야. 너를 많이 사랑해.

A: ¿Conoces a Marta? 너는 마르따를 아니?
B: Sí, la conozco. Somos amigas. 응, 알아. 우린 친구야.

주의 직접목적어가 일반명사이고 사람인 경우 보통 전치사 'a'를 붙인다. 그러나 일반 명사가 아닌 경우에는 "La quiero (a ella)."처럼 반드시 목적격 대명사를 사용하여야 하며, "Quiero **a ella**." 는 불가능하다.

3) 중성 목적 대명사 lo: 목적어가 추상적 사실인 경우에 lo를 사용한다.

A: Voy a casarme.	나는 결혼할 거야.
B: No lo creo.	그것을 믿지 못하겠어.

4) Leísmo: 스페인에서는 직접목적대명사 lo/los 대신에 le/les가 사용되기도 한다.

A: ¿Ves a aquel chico?	너는 저 남자애가 보이니?
B: Sí, lo veo. / Sí, le veo.	예, 그가 보여요.

연습문제 7

적당한 직접목적대명사를 넣어서 문장을 완성해 보세요.

1. ¿Tomas un café?
   No, no _____ tomo por la noche.
2. ¿Quién prepara el almuerzo en tu casa?
   Mi madre _____ prepara.
3. ¿Comes pescado para cenar?
   Sí, ____ como todos los días.
4. ¿Prefieres las novelas hispanoamericanas?
   Sí, ____ prefiero.
5. ¿Dónde compras la ropa?
   ____ compro en un centro comercial.
6. ¿Bebes mucho tequila?
   No, no ____ bebo tanto.

연습문제 8

밑줄 친 부분을 직접목적대명사로 바꾸어 다시 써 보세요.

> **보기** Voy a tomar una aspirina.
> → **La** voy a tomar. / Voy a tomar**la**.

1. Quiero comer comida china.
2. Voy a leer el periódico.
3. Pienso comprar un bolso.
4. ¿Quieres ver el partido de fútbol ?
5. Juan va a invitar a sus amigos.
6. Los niños deben hacer la tarea.
7. Quiero visitar a mis amigos.

4. 간접목적대명사

"~에게"를 뜻하는 간접목적어를 대신하여 사용한다.

	단수형	복수형
1인칭	me 나에게	nos 우리에게
2인칭	te 너에게	os 너희에게
3인칭	le / se 그에게 / 그녀에게 / 당신에게	les / se 그들에게 / 그녀들에게 / 당신들에게

1) 모든 인칭에서 남성과 여성의 구분이 없다.

Juan **me** manda cartas en español. 후안은 나에게 스페인어로 된 편지를 보낸다.

Juan **te** entrega un paquete. 후안은 너에게 소포를 건네준다.

María **le** escribe cartas en coreano (a él / a ella / a usted). 마리아는 그 / 그녀 / 당신에게 한국어로 편지를 쓴다.

2) 3인칭 간접목적어는 일반적으로 간접목적대명사 le와 les와 함께 나타난다.

Juan **le** entrega una botella de vino **al profesor Kim.**	후안은 김 교수에게 와인 한 병을 건네준다.
Juan **le** entrega una caja grande **a José.**	후안이 호세에게 큰 상자를 건네준다.
A: ¿Qué **le** vas a decir **a José**?	호세에게 뭐라고 말할 거니?
B: Le voy a decir que no puedo venir mañana.	내일 올 수 없다고 말할 거야.

5. 목적대명사의 위치

1) 「간접목적대명사 + 직접목적대명사 + 동사」 순서이다.

A: ¿Cuándo me das el libro?	너는 언제 나에게 책을 줄 거니?
B: Te lo doy mañana. Te lo prometo.	내일 너에게 그것을 돌려줄게. 너에게 그것을 약속할게.

A: ¿Me pasas las páginas amarillas?	나에게 전화번호부를 전해 줄래?
B: Sí, te las paso.	응, 너에게 그것을 전해 줄게.

2) 「간접목적대명사 + 직접목적대명사」의 구조에서 둘 다 3인칭이면, 간접목적대명사 le와 les가 se로 바뀐다.

le lo doy ×	→ **se lo** doy
les lo doy ×	
le la doy ×	→ **se la** doy
les la doy ×	

A: ¿A quién le escribes el correo electrónico?	너는 누구에게 이메일을 쓰니?
B: Se lo escribo a mi jefe.	나는 그것을 나의 상사에게 써.

A: ¿A quién le regalas estas flores tan bonitas?	너는 누구에게 이렇게 예쁜 꽃들을 선물하니?
B: Se las regalo a mi mujer.	우리 아내에게 그것들을 선물해.

3) 인칭변화동사와 동사원형이 함께 쓰일 때: 동사원형 뒤에 붙여 쓰거나 인칭변화동사 앞에 쓴다.

A: ¿Es verdad que María le quiere regalar su coche a su hermana?	마리아가 자기의 여동생에게 자기 차를 선물하고 싶어 하는 것이 사실이니?
B: Creo que sí. **Se lo** quiere regalar. / Quiere regalár**selo**.	그런 것 같아. 마리나는 그녀에게 그것을 선물하고 싶어해.

Lo quiero comprar. / Quiero comprar**lo**.	나는 그것을 사고 싶다.
Te voy a llamar esta tarde. / Voy a llamar**te** esta tarde.	오후에 내가 너에게 전화할게.
Te lo puedo dejar. / Puedo dejár**telo**.	나는 너에게 그것을 빌려줄 수 있어.

연습문제 9

다음 예문과 같이 바꾸어 보세요.

> **보기** El dependiente muestra el lápiz. (a mí)
> → **Me** muestra el lápiz.
> → Me **lo** muestra.

1. El profesor Kim enseña la lección. (a mí) →
2. El dependiente entrega la bolsa. (a un cliente) →
3. Ana presta las gafas de sol. (a vosotras) →
4. El camarero sirve el café. (a ti) →
5. Ustedes no muestran sus trabajos. (a ella) →
6. El profesor da las tareas. (a nosotros) →
7. Carmen regala los vestidos. (a sus amigas) →
8. Los carteros no traen la caja. (a ustedes) →

연습문제 10

예문과 같이 대명사를 이용하여 대화를 완성해 보세요.

> **보기** A: ¿Escribes una carta a tus padres?
> B: Sí, **se la** escribo.

1. ¿El profesor te regala una revista?
2. ¿Quieres estudiar la historia de América?
3. ¿Vas a devolver este libro a Pablo?
4. ¿El muchacho va a repartir periódicos a los lectores?
5. ¿Puede Juan prestar dinero a su amiga?
6. ¿Vendes relojes a turistas japoneses?

CULTURA

Nuestras costumbres

Un turista siempre visita los lugares importantes de un país: museos, mercados, parques y plazas. También es bueno saber cuáles son las cosas que el turista debe hacer en los países donde se habla español. Aquí hay algunos consejos.

En Argentina, en cualquier ciudad, hay que comer asado, parrillada y queso criollo. Beber mate y vino malbec. Escuchar y ver bailar tango.

En España, hay que beber vino tinto y sangría, comer paella, cochinillo y tortilla española. Ir a una cafetería al aire libre. También, escuchar música y ver bailar flamenco en un tablado ('tablao').

En México, hay que comer tacos, tamales y pozole. Beber tequila y mezcal con un gusano. Escuchar un mariachi y disfrutar de sus hermosas playas tomando el sol.

En todos los países de habla hispana siempre hay que pedir 'por favor' y decir 'gracias'. Es muy común saludar diciendo: 'hola' o 'buenos días', 'buenas tardes' o 'buenas noches'. Saludando, la gente ayuda con mucho gusto a todos los turistas.

¿VERDADERO O FALSO?

Contesta:	V	F
1. En España, hay que comer tacos.	☐	☐
2. En México las playas son hermosas.	☐	☐
3. Los saludos son muy importantes.	☐	☐
4. El turista baila y canta en las cafeterías.	☐	☐

Viaje al mundo hispano

떼낄라의 원료인 아가베 선인장

과달라하라(Guadalajara)의 성탄절 거리 풍경

마리아치(Mariachi)

Me gusta jugar al fútbol

나는 축구하는 것을 좋아해요

녹음을 듣고 빈칸을 채워 보세요.

En el estadio de su universidad: Pedro y Carla hablan de sus gustos

Carla: Hola, Pedro. ¿Cómo va todo?

Pedro: ¡Feliz! Acabamos de ganar _ _______ __ ______.

Carla: ¡___________! ¿Juegas todos los días al fútbol?

Pedro: Sí, me encanta jugar al fútbol. ¿Y, a ti, qué deporte __ _____ practicar?

Carla: A mí me gusta jugar al baloncesto, pero también me gusta ver el fútbol. Me emociona ver los partidos de la Copa Mundial.

Pedro: Sí, son emocionantes.

Carla: Aparte del fútbol, ¿qué otras cosas __ ______?

Pedro: Bueno, me fascina escribir poemas y también _____ __ _____.

Llamando por teléfono

Juan: ¿Sí, diga?

Clara: Buenos días. Soy Clara Ruiz. ¿______ ______ con Susana?

Juan: Un momento por favor. Ahora __ _____.

Susana: Hola, Clara. ¿Qué hay?

Clara: Hola, Susana. Mañana es el día de la ________ y hoy tenemos que hacer las _______. ¿Qué les gusta comer a los chicos de tu grupo?

Susana: Bueno, a algunos les gusta el jamón, a otros les gustan las aceitunas y a las chicas __ ________ las frutas.

Clara: Bien, entonces, ____ _ comprar jamón, aceitunas y frutas. ¿Algo más?

Susana: No, ____ ____. Clara, también _____ ___ comprar bebidas.

Clara: Sí, sí. De acuerdo.

Diálogo

En el estadio de su universidad: Pedro y Carla hablan de sus gustos

Carla: Hola, Pedro. ¿Cómo va todo?

Pedro: ¡Feliz! Acabamos de ganar el partido de fútbol.

Carla: ¡Enhorabuena! ¿Juegas todos los días al fútbol?

Pedro: Sí, me encanta jugar al fútbol. ¿Y, a ti, qué deporte te gusta practicar?

Carla: A mí me gusta jugar al baloncesto, pero también me gusta ver el fútbol. Me emociona ver los partidos de la Copa Mundial.

Pedro: Sí, son emocionantes.

Carla: Aparte del fútbol, ¿qué otras cosas te gustan?

Pedro: Bueno, me fascina escribir poemas y también tocar el piano.

Llamando por teléfono

Juan: ¿Sí, diga?

Clara: Buenos días. Soy Clara Ruiz. ¿Puedo hablar con Susana?

Juan: Un momento por favor. Ahora se pone.

Susana: Hola, Clara. ¿Qué hay?

Clara: Hola, Susana. Mañana es el día de la excursión y hoy tenemos que hacer las compras. ¿Qué les gusta comer a los chicos de tu grupo?

Susana: Bueno, a algunos les gusta el jamón, a otros les gustan las aceitunas y a las chicas les gustan las frutas.

Clara: Bien, entonces, voy a comprar jamón, aceitunas y frutas. ¿Algo más?

Susana: No, nada más. Clara, también tienes que comprar bebidas.

Clara: Sí, sí. De acuerdo.

Vocabulario

acabamos de(acabar de) 막 ~하다
¡enhorabuena! 축하해
la Copa Mundial 월드컵
aparte de ~말고 / 이외에
tocar 악기를 연주하다
aceituna 올리브 열매
estadio 운동경기장
emociona(emocionar) 감동을 주다
partido 경기
fascina(fascinar) 매료시키다, 매력이 있다
bueno 글쎄
bebida 음료수

Expresiones útiles

1. *acabar* de + **동사원형**: 막 ~하다.
   Acabamos de ganar el partido de fútbol.
2. ¿qué + **명사** + te + gusta + **동사원형**?: 넌 어떤 ~을 하는 것을 좋아해?
   ¿Qué deporte te gusta practicar?
3. me emociona / fascina + **동사원형** : 나는 ~하는 것에 감동 받아요 / 매력을 느껴요.
   Me fascina escribir poemas.
   Me emociona ver los partidos de la Copa Mundial.

Preguntas de comprensión

1. ¿Por qué está feliz Pedro?
2. ¿Cuál es el deporte favorito de Pedro?
3. ¿Qué deporte practica Carla?
4. ¿Qué otras aficiones tiene Carla?
5. ¿Qué cosas van a comprar Clara y Susana para ir de excursión con sus amigos?

2010년 월드컵에서 우승한
스페인 축구 대표팀

Gramática y actividades

1. 감탄문

1) qué로 시작하는 감탄문

① 품질이나 상태에 대한 감탄

¡Qué + 형용사 / 부사 + (동사 + 주어)! ¡Qué + 명사 + tan + 형용사!

Esta paella está muy rica.	이 빠엘랴는 아주 맛있다.
→ ¡Qué rica está esta paella!	이 빠엘랴는 정말로 맛있구나!
→ ¡Qué paella tan rica!	정말 맛있는 빠엘랴구나!
Esta señorita es muy bonita.	이 아가씨는 아주 예쁘다.
→ ¡Qué bonita es esta señorita!	이 아가씨는 정말로 예쁘구나!
→ ¡Qué señorita tan bonita!	정말 예쁜 아가씨이구나!
Ramiro habla muy bien el coreano.	라미로는 한국어를 매우 잘한다.
→ ¡Qué bien habla Ramiro el coreano!	라미로는 정말로 한국어를 잘하는군요!
¡Qué buena idea!	정말 좋은 생각이야!
¡Qué lástima / pena!	정말 유감이야!
¡Qué suerte!	정말 운이 좋군!
¡Qué mala suerte!	정말 운이 없군!

② 정도를 표현할 수 있는 명사의 경우 「¡Qué + 명사 + (동사)!」의 감탄문을 쓸 수 있다.

Hace mucho frío.	→	¡Qué frío (hace)!	날씨가 정말 추워요!
Hace mucho calor.	→	¡Qué calor (hace)!	날씨가 정말 더워요!
Tengo mucha hambre.	→	¡Qué hambre (tengo)!	너무 배고파!
Tengo mucho sueño.	→	¡Qué sueño (tengo)!	너무 졸려요!

2) cuánto로 시작하는 감탄문: 수나 양에 대한 감탄

¡Cuánto + 동사!
¡Cuánto / Cuánta / Cuántos / Cuántas + 명사 + (동사 +주어)!

Tú comes mucho.	→	¡Cuánto comes!	정말 많이 먹는구나!
Llueve mucho.	→	¡Cuánto llueve!	정말 비가 많이 오는구나!
Esta mochila pesa mucho.	→	¡Cuánto pesa esta mochila!	이 가방은 정말 무겁구나!
Mario tiene muchos hijos.	→	¡Cuántos hijos tiene!	정말 애들이 많구나!
Hay mucha gente.	→	¡Cuánta gente!	정말 사람이 많구나!
Llevo mucho tiempo sin verte.	→	¡Cuánto tiempo sin verte!	정말 오랜만이구나!
Me alegro mucho de verte.	→	¡Cuánto me alegro de verte!	너를 만나서 정말 기뻐!

연습문제 1

다음을 감탄문으로 바꾸어 말해 보세요.

1. Juan duerme mucho.
2. La biblioteca tiene muchos libros.
3. Aquella rosa es muy bonita.
4. Estoy muy cansado.
5. Manolo pronuncia muy bien el coreano.
6. Este apartamento es muy grande.
7. Hay muchas alumnas en esta clase.
8. Tengo mucho frío.

2. 전화대화

1) 여보세요.

스페인: (받는 사람) ¡Diga! / ¿Dígame? / ¿Sí?
(거는 사람) ¿Oiga?

중남미: (받는 사람) ¿Aló? / ¿Sí? / ¿Hola? / ¿Bueno?

2) Pedro 좀 바꿔줄래요?

Informal 친근한 표현	Formal 격식 있는 표현
¿Está Pedro?	¿El señor Moreno, por favor?
¿Puedo hablar con Pedro?	¿Podría hablar con el señor Moreno?
¿Me pones con Pedro?	¿Me pone con el señor Moreno?
¿Puedes ponerme con Pedro?	¿Puede ponerme con el señor Moreno?

3) 누구세요?

¿Quién llama? / ¿Quién habla?
¿De parte de quién? / ¿Con quién hablo?

스페인의 공중전화 부스

4) 잠깐만 기다리세요.

(Espera) Un momento, por favor. (informal 친근한 표현)
/ Espere un momento. (formal 격식 있는 표현)
Ahora se pone. 지금 바꿔드릴게요.

5) 잘못 걸었습니다.

Se ha equivocado (de número).
Aquí no es.

6) 메모를 남기시겠습니까?

¿Quiere dejar algún recado / mensaje?

연습문제 2 Vamos a hablar

두 명씩 짝을 지어 전화 대화를 연습해 보세요.

1. A: ¿Sí, diga?	여보세요?
B: Hola, buenas tardes. ¿Está Ignacio?	안녕하세요? 이그나시오 있어요?
A: ¿De parte de quién?	누구시죠?
B: De José.	호세예요.
A: Un momento. Ahora se pone.	잠시만요. 바꿔줄게요.
2. A: ¿Bueno?	여보세요?
B: Hola, buenos días. ¿Puedo hablar con el profesor Moreno?	안녕하세요? 모레노 선생님과 통화할 수 있을까요?
A: Sí, en seguida. ¿Quién habla?	네, 곧 받으실 겁니다. 누구시죠?
B: Habla Ana María.	아나 마리아예요.
A: Un momentito, por favor.	잠시만 기다리세요.
3. A: ¿Dígame?	여보세요?
B: ¿Podría hablar con el señor Montero?	몬테로 씨와 통화할 수 있을까요?
A: Equivocado. ¿Qué número ha marcado?	잘못 거셨어요. 몇 번으로 거셨나요?
B: Perdone.	죄송합니다.
4. A: ¿Diga?	여보세요?
B: ¿Está María?	마리아 있어요?
A: No, no está. ¿Quiere dejar algún recado?	아니요, 없어요. 메시지 남기실래요?
B: No, gracias. Vuelvo a llamarla.	아니요, 다시 걸게요.

3. Gustar 동사

1) gustar 동사는 '~에게 ~가 좋다'라는 의미를 지니며, encantar 동사는 '~에게 ~가 매우 좋다'라는 의미로 사용된다. 좋아하는 사람은 간접목적어로 표현하며, 좋아하는 대상은 주어가 된다.

~에게		좋다	~가
(A mí) (A ti) (A él / ella / usted) (A nosotros / nosotras) (A vosotros / vosotras) (A ellos / ellas / ustedes)	me te le nos os les	gusta encanta	el café con leche 밀크 커피 jugar al fútbol 축구하기
		gustan encantan	las frutas 과일 los niños 아이들

2) 좋아하는 사람을 분명하게 말하거나 강조하기 위하여 'a + 전치격인칭대명사' 또는 'a + 명사'를 간접목적대명사와 중복하여 사용할 수 있다. 이때 간접목적대명사는 생략할 수 없다.

A: ¿A tus padres les gusta ver la televisión? 너의 부모님은 텔레비전 보는 것을 좋아하시니?
B: Sí, les encanta. 응, 엄청 좋아하셔.

A: ¿Le gusta al profesor Lee la comida italiana? 이 선생님은 이탈리아 음식을 좋아하시니?
B: No lo sé. Pero a mí me gusta mucho la comida italiana. 잘 모르겠어. 하지만 나는 이탈리아 음식을 매우 좋아해.

주의 Al profesor Lee gusta la comida italiana. ×

3) 상대방과 취향이 같을 때와 다를 때에는 각각 다음과 같이 표현한다.

A: Me gustan los perros.	난 개가 좋아.
B: A mí también. / A mí no.	나도 좋아. / 난 안 좋아해.
A: No me gustan los gatos.	난 고양이 안 좋아해.
B: A mí tampoco. / A mí sí.	나도 안 좋아해. / 난 좋아해.

연습문제 3

¿Te gusta hacer estas cosas?
주어진 표현으로 친구에게 좋아하는지를 물어보고 서로 대답해 보세요.

Me encanta.
Me gusta muchísimo.
Me gusta mucho.
Me gusta.
Me gusta un poco.
No me gusta nada.

보기 beber vino

A: ¿Te gusta beber vino?	A: ¿Te gusta beber vino?
B: No, no me gusta.	B: Sí, me gusta mucho.
A: A mí tampoco.	A: A mí también.

1. ir en bicicleta
2. hablar por teléfono
3. ir a bailar a un club
4. salir con amigos
5. ver exposiciones de arte
6. viajar en tren
7. sacar fotos

연습문제 4

보기와 같이 말해 보세요.

> **보기** a mí, los niños → A mí me gustan los niños.

1. a Juan, el vino blanco
2. a las chicas, las películas de amor
3. a ti, este modelo
4. a nosotros, español
5. a ustedes, el ciclismo
6. a mis amigos, la comida italiana

연습문제 5 **Vamos a hablar**

보기와 같이 말해 보세요.

> **보기** A: ¿Qué deporte te gusta practicar?
> ¿Qué deporte no te gusta?
> B: Me gusta jugar al fútbol y esquiar, pero no me gusta nadar ni correr.
> Me gustan el fútbol y el béisbol. Pero no me gusta el tenis.

참고할 어휘

Deportes

jugar al fútbol / tenis / baloncesto / béisbol / tenis de mesa / golf
nadar en una piscina
correr en un parque
patinar sobre hielo
esquiar
hacer yoga
ir al gimnasio
ciclismo

Lección 10

연습문제 6 **Vamos a hablar**

아래의 보기를 참고하여 음식과 관련한 다음 질문에 대답해 보세요.

보기
A: ¿Qué te gusta desayunar?
B: Me gusta desayunar huevos revueltos con una tostada.

A: ¿Qué te gusta comer/almorzar?
B: Me gusta comer/almorzar hamburguesa con patatas fritas.

A: ¿Qué te gusta cenar?
B: Me gusta cenar ensalada.

참고할 어휘

desayuno	arroz
comida / almuerzo	pollo frito
cena	filete / bistec de ternera
huevos fritos	pescado
tostada	pasta
cereales	pizza
pan	yogur
leche	pastel / tarta de chocolate
fruta	helado
verduras	refrescos
ensalada	cerveza
legumbres	jugo / zumo de naranja
hamburguesa	vino tinto / blanco / rosado
patatas / papas fritas	café
bocadillo de jamón y queso	té
sopa	

'점심식사(하다)'는 스페인에서는 'comida/comer'로 표현하며, 중남미에서는 'almuerzo/almorzar'로 표현한다.

café y bocadillo

verduras

vino tinto

Tarta

연습문제 7

인터넷의 youtube에서 Patti Lozano의 "Jugo de naranja"라는 노래를 찾아보세요. 이 노래에 나오는 음식 이름을 알아보세요.

오렌지 주스를 마시는 남자, Fernando Botero

4. saber와 conocer 동사

1) saber

'인지'에 해당하는 것으로, 사실, 정보, 진리나 방법 등을 안다고 표현할 때에 쓰인다.

<table>
<tr><td>Yo</td><td>sé</td><td rowspan="6">la verdad.
사실을 안다.
de la historia de América.
아메리카 역사에 대하여 안다.
conducir.
운전할 줄 안다.
dónde está el Museo Nacional.
국립박물관이 어디에 있는지를 안다.
que tenemos un examen este jueves.
우리가 이번 목요일에 시험이 있다는 것을 안다.</td></tr>
<tr><td>Tú</td><td>sabes</td></tr>
<tr><td>Usted / Él / Ella</td><td>sabe</td></tr>
<tr><td>Nosotros / Nosotras</td><td>sabemos</td></tr>
<tr><td>Vosotros / Vosotras</td><td>sabéis</td></tr>
<tr><td>Ustedes / Ellos / Ellas</td><td>saben</td></tr>
</table>

A: ¿Sabes nadar? — 너 수영할 줄 아니?
B: No, no sé nadar. — 아니, 나 수영할 줄 몰라.

A: ¿Sabes que Juan viene a Corea este domingo? — 후안이 이번 일요일에 한국에 온다는 거 아니?
B: Sí, lo sé. — 응, 알아.

Perdón, ¿sabe usted dónde está el metro más cercano? — 실례지만, 가장 가까운 지하철역이 어디 있는지 아세요?

2) conocer

'경험'에 의하여 안다는 의미로, 사람이나 장소 등, 직접 보아서 안다는 뜻으로 주로 쓰인다.

Yo	conozco	a la profesora Claudia. 끌라우디아 선생님을 안다.
Tú	conoces	
Usted / Él / Ella	conoce	a aquellas dos chicas. 저기 두 여자애를 안다.
Nosotros / Nosotras	conocemos	
Vosotros / Vosotras	conocéis	la Ciudad de México. 멕시코시티에 가 봐서 안다.
Ustedes / Ellos / Ellas	conocen	

A: ¿Conoces al embajador de España en Corea? 너, 한국에 있는 스페인 대사를 아니?

B: Sí, lo conozco. Somos amigos. 응, 그를 알아. 우리는 친구야.

A: ¿Conoces Buenos Aires? 너는 부에노스 아이레스를 가 봐서 아니?

B: Sí, conozco muy bien la capital de Argentina. 응, 나는 아르헨티나의 수도를 가 봐서 매우 잘 알아.

연습문제 8

¿Qué sabes hacer?

보기와 같이 친구에게 묻고 대답해 보세요.

> **보기** A: ¿Sabes esquiar?
> B: Sí, sé esquiar muy bien. / No, no sé esquiar.

1. conducir un coche / manejar un carro
2. jugar al tenis de mesa
3. montar en motocicleta
4. montar en bicicleta
5. bailar salsa / tango

6. tocar la guitarra / algún instrumento musical
7. nadar
8. cocinar comida italiana

연습문제 9

saber나 conocer 중 알맞은 동사를 넣어 문장을 완성해 보세요.

보기 ¿Sabe usted …
¿Conoce usted …

1. la verdad?
2. la ciudad de Málaga?
3. si hay una farmacia cerca?
4. dónde hay la oficina de turismo?
5. dónde está la embajada de Corea del Sur?
6. qué día es hoy?
7. un buen restaurante mexicano?
8. al profesor Moreno?

5. 부사

부사에는 형용사의 여성형 '-a' 뒤에 '-mente'를 붙여서 만들며, 남·여성 동형인 형용사에는 '-mente'만 붙이면 된다.

lento	→	lentamente	느리게
rápido	→	rápidamente	빠르게
seguro	→	seguramente	확실하게
solo	→	solamente	오직
perfecto	→	perfectamente	완벽하게
especial	→	especialmente	특별하게
probable	→	probablemente	아마도
general	→	generalmente	일반적으로

lenta y cuidadosamente 느리고 조심스럽게

연습문제 10

주어진 형용사를 이용하여 적당한 부사를 만들어 넣으세요.

1. Juan nos explica ________ (claro) este problema.
2. ________ (afortunado), Carmen llega a tiempo.
3. Tengo ________ (solo) tres alumnos en esta clase.
4. Este regalo es ________ (especial) para ti.
5. ________ (General) los coreanos somos muy trabajadores.
6. ________ (seguro), Juan viene hoy.
7. Juan habla francés ________ (perfecto).
8. ________ (probable), Pedro tiene otro compromiso y no puede venir.

CULTURA

Las fiestas más populares en España

España es conocida internacionalmente por sus fiestas populares y sus festivales, los cuales se suceden a lo largo de todo el año. Algunas de estas fiestas son muy tradicionales y de carácter religioso, como la Semana Santa, el Día de Todos los Santos, la Navidad o el Día de los Reyes Magos. Sin embargo, también hay fiestas, antiguas y modernas, que tienen orígenes y motivaciones muy diferentes.

La Tomatina es un festival que empezó en el año 1945. En esta fiesta se lleva a cabo una enorme batalla en la que los participantes se lanzan miles de tomates. El ayuntamiento de Buñol (Valencia), distribuye más de 130 toneladas de tomates maduros entre los participantes. Estos pasan unas dos horas lanzándose mutuamente tomates y tiñendo de rojo las calles de esa ciudad.

Los Sanfermines son las fiestas de la ciudad de Pamplona (Navarra). Están dedicados a San Fermín, el santo patrón y protector de Navarra. Estas fiestas se inician el día 7 de julio y duran una semana, durante la cual cada día hay "encierros" y "corridas de toros". En los encierros, los jóvenes corren delante o al lado de muchos toros por las calles de la ciudad para llevarlos a la plaza de toros.

¿VERDADERO O FALSO?

Contesta:	V	F
1. Todas las fiestas en España son de tipo religioso.	☐	☐
2. La Tomatina es una fiesta muy antigua y tradicional de España.	☐	☐
3. Los Sanfermines son la fiesta más famosa en Pamplona.	☐	☐
4. En Los Sanfermines solamente corren los toros por las calles.	☐	☐

Viaje al mundo hispano

산페르민(San Fermín) 축제

불꽃 축제 라스 파야스
(Las Fallas)

토마토 축제
(La Tomatina)

ANEXO

Lecturas de cultura 번역

Lección inicial: Alfabeto y pronunciación

스페인어와 알파벳

스페인에서는 '카스테야노/카스티야어'라고도 불리는 스페인어는 매우 중요한 언어다. 스페인어는 21개국에서 사용되는 공식 언어이다.

스페인어는 라틴어와 그리스어에 기원을 두고 있다. 알파벳(alfabeto), 아베세다리오(abecedario), 또는 아베세(abecé)는 스페인어 글자의 명칭이다. 스페인어의 알파벳은 27개의 글자 또는 문자를 가지고 있으며, 22개는 자음이고 5개는 모음이다.

참 혹은 거짓

답하세요.

1. 스페인어는 오직 스페인에서만 사용되는 언어다.
2. 스페인어 알파벳은 19개의 글자를 가진다.
3. 스페인어의 알파벳은 5개의 모음을 가진다.
4. 알파벳은 아베세다리오라고도 불린다.

Lección 1: Saludos y presentaciones

스페인어의 이름과 성

스페인어권의 사람들은 하나 혹은 2개 이상의 이름과 2개의 성을 갖는다. 일반적으로 첫 번째 성은 부계 성이고 두 번째 성은 모계 성이다. 부계 성은 "apellido paterno"로, 모계 성은 "apellido materno"라고 부른다.

스페인어 개인 이름의 다수가 그리스어, 라틴어, 히브리어, 게르만어, 나우아틀어, 케추아어 등에 기원을 두고 있지만 기독교에서 유래한 이름도 존재한다. 오늘날에는 개인 이름 중 상당수가 별다른 뜻이 없다.

기혼 여성들은 본인의 성에 전치사 "de"를 사용하여 남편의 부계 성을 추가한다.

여성 이름의 대부분은 -a로 끝나며 남성들의 이름은 -o로 끝나지만 -e로 끝나는 이름과 자음(-c, -l, -n, -r, -s)으로 끝나는 이름도 존재한다.

참 혹은 거짓

답하세요.

1. 스페인어에서 모든 여성의 이름은 -a로 끝난다.
2. 일반적으로 스페인 사람들은 2개의 이름을 가진다.
3. 모든 이름은 그리스어이다.
4. 첫 성은 부계 성을 따른다.

ANEXO

Lección 2: En el aula

비언어적 의사소통

언어를 배우는 이유는 의사소통을 하기 위해서이고 의사소통은 음성언어 혹은 비음성언어를 통해 메세지를 전달하는 것이다.

다른 언어들과 마찬가지로 스페인어에서도 손짓 발짓을 통한 비언어적인 신체 언어는 매우 중요하다. 일반적으로, 사람들은 자신의 의견을 정당화하고 무엇인가를 전달하기 위하여 많은 몸짓을 사용한다. 몸짓은 머리나 얼굴, 눈, 입, 손, 몸으로 표현하는 동작들이다. 몇 가지 몸짓을 살펴보자.

혹시나 있을지도 모를 사회문화적인 오해를 피하려면 몸짓의 의미를 배우는 것이 중요하다.

참 혹은 거짓

답하세요.

1. 몸짓은 오직 동작만을 뜻한다.
2. 오직 학생들만이 몸짓을 사용한다.
3. 몸짓을 하는 것은 좋지 않은 방법이다.
4. 몸짓은 의사소통을 하는 데 있어서 유용하다.

Lección 3: ¿De dónde eres?

세계 속의 스페인어

스페인어는 세계 21개 국가의 공식 언어로서 스페인(유럽)과 아르헨티나, 볼리비아, 칠레, 콜롬비아, 코스타리카, 쿠바, 에콰도르, 엘살바도르, 과테말라, 온두라스, 멕시코, 니카라과, 파나마, 파라과이, 페루, 푸에르토리코, 도미니카 공화국, 우루과이, 베네수엘라(아메리카), 그리고 적도 기니(아프리카)에서 사용되고 있다.

또한 스페인어는 미국, 캐다나, 벨리즈(아메리카대륙), 안도라 공화국과 지브롤터(이베리아 반도), 필리핀(아시아), 모로코와 서사하라(아프리카)에서도 사용된다. 필리핀 제도에서 스페인어는 1973년까지 공식적인 언어였다. 그래서 타갈로그어와 차바카노어 어휘의 많은 부분이 스페인어에 기원을 두고 있다.

현재 전 세계적으로 5억 명 정도가 스페인어를 사용하는데 그중 약 4억 명이 스페인어를 모국어로 사용하며 나머지는 스페인어를 제2언어로 사용한다. 스페인어는 세계 국제기구와 기관의 공식 언어다.

참 혹은 거짓

답하세요.

1. 스페인어는 아프리카에서는 사용되지 않는다.
2. 스페인어는 20개국 이상의 공식 언어다.
3. 스페인어는 필리핀의 공식 언어 중 하나다.
4. 스페인어는 국제기구의 언어다.

Lección 4: En mi casa y en mi barrio

스페인어권 언어들

스페인에는 상이한 4개의 언어 즉 카탈루니아어, 갈리시아어, 바스크어, 그리고 카스티야어(스페인어)가 존재한다. 라틴아메리카에는 400개 이상의 다른 언어가 존재하지만 이스파노아메리카의 모든 국가들은 스페인어를 사용한다. 콜롬비아에는 73개의 토착어가 현존하며 멕시코는 62개, 볼리비아는 36개, 과테말라는 22개, 칠레는 15개, 페루에는 대략 40개 정도의 원주민어가 있다.

많은 라틴아메리카 국가들에서 사람들은 2개 혹은 그 이상의 언어를 사용하는 이중언어 사용자이다. 라틴아메리카에서 가장 중요한 언어는 과라니어, 아이마라어, 그리고 케추아어이다. 케추아어는 남미의 5개 국가에서 사용되기 때문에 원주민어 중에서 가장 중요한 언어 중의 하나다.

나우아틀어는 멕시코의 가장 중요한 토착어로서, 약 150만 명이 이 언어를 사용한다. 또 다른 토착어로는 아르헨티나와 칠레의 마푸체어가 있고, 과테말라의 끼체어가 있다. 노벨 평화상을 수상한 리고베르타 멘추는 끼체의 방언과 스페인어를 사용한다.

참 혹은 거짓

답하세요.

1. 스페인어는 이스파노아메리카 모든 국가들의 언어다.
2. 스페인에는 카스테야어와 카탈란어 두 가지 공식 언어가 존재한다.
3. 나우아틀어는 이스파노아메리카에서 가장 중요한 원주민어다.
4. 페루와 볼리비아에는 10개 이상의 언어가 있다.

Lección 5: La vida universitaria

스페인어권 세계의 축제들

스페인어권 문화는 연중 전통 축제들로 가득 차 있다. 이 중 몇몇 축제는 종교적인 것이고 다른 것들은 대중적인 것이며, 또 다른 것들은 가족 축제들이다.

첫 번째로는 부활절과 같은 종교 축제가 있다. 성금요일에는 세비야(스페인), 카르타헤나 데 인디아(콜롬비아), 타스코(멕시코), 초코테(니카라과)와 같은 다양한 도시의 거리에서 예수 그리스도의 고난 행진이 열린다. 진행되는 그 퍼레이드에는 작은 배나 카누가 등장한다. 성탄절은 아이 어른 할 것 없이 모두가 가장 기다리는 축제로 많은 사람은 이날을 '선물의 축제'로 여긴다.

두 번째로는 대중적인 축제들이 있다. 카니발 축제는 모든 스페인어권에서 매우 흥겨운 축제다. 히우지자네이루(브라질)의 카니발이 가장 유명하지만 라스 타블라스(파나마)와 카디스(스페인)의 카니발 또한 유명하다. 춤과 분장, 축제의 여왕 등과 함께 축제는 4~5일 동안 멈추지 않고 밤낮으로 계속된다.

세 번째로는 전통적인 가족 축제가 있다. Quinceñera는 아르헨티나에서 멕시코와 미국 내 라틴 공동체에 이르기까지 스페인어권 사람들에게 가장 널리 퍼진 축제다. 여자아이들이 15세가 되면 종교적인 축하 행사가 벌어지고 그 후에 축제가 열리는데 모든 가족은 소녀에서 숙녀로의 변화를 축하해 준다.

참 혹은 거짓

답하세요.

1. 축제들은 가족적인 것이다.
2. 성탄절은 아이들을 위해서만 열린다.
3. Quinceñera는 남자들을 위한 축제이기도 하다.
4. 미국 내 스페인어권 사람들은 절대 축제를 열지 않는다.

ANEXO

Lección 6: Esta es mi familia

가족과 친구들

스페인어권 가족은 2명 이상의 자녀를 두는 일이 일반적인데 특히 라틴아메리카 국가에서 더욱 그렇다. 어머니는 오전 6시 또는 7시에 모든 가족을 위한 아침 식사를 준비하지만 각각은 다른 시간에 집을 나선다. 젊은이들은 친구들이 많아서 점심은 대학교 식당이나 직장에서 정오(12시)에 그들과 함께 먹는다. 일반적으로 가족들은 집에 돌아가 저녁을 먹는데, 어머니가 특별하고 맛있는 것을 요리하기 때문이다.

일요일은 할머니와 할아버지를 찾아뵙는 날이다. 때로는 조부모댁에 다른 삼촌들이나 사촌들이 있는 경우도 있는데, 그러면 약간 더 늦은 오후 12시에서 2시 사이에 다 같이 식사를 한다. 식사 후에 몇몇은 집에서 도미노와 체스 같은 보드 게임을 즐긴다. 좀 더 젊은 사촌이나 형제들은 같이 영화관에 간다. 가족들은 결속력이 매우 강하며 행복하다. 그들은 다들 친구들을 사랑하지만 가족이 더 소중하다는 것을 알고 있다.

참 혹은 거짓

답하세요.

1. 스페인어권 나라에서 가족은 결속이 잘 된다.
2. 일요일은 집에 있는 날이다.
3. 가족 수가 매우 많다.
4. 가족은 항상 밖에서 식사한다.

Lección 7: ¡Feliz cumpleaños!

스페인 사람들의 일상생활과 시간

스페인의 일상적인 아침 식사 시간은 오전 8시에서 10시까지이다. 식당에서 점심시간은 오후 1시 30분부터 3시 30분까지이며, 저녁은 오후 8시 30분부터 11시까지이다. 많은 가게들(카페나 바)은 하루 종일 영업을 하기도 하는데, 그곳에서 스페인식 안주나 콤비 요리 혹은 샌드위치를 먹을 수 있다. 영화관은 탄력적인 시간표를 가지고 있는데, 대략 오후 4시 30분 또는 5시 경에 시작하여 밤 10시까지 계속된다. 하지만 어떤 영화관은 새벽까지 영업을 하기도 한다. 한편, 연극은 오후 8시에 단 한 번 공연을 올린다. 목요일부터 일요일 밤에 바나 디스코텍은 새벽 2시 혹은 3시까지 문을 열고 때로 새벽까지 영업을 하기도 한다. 일반적인 상점의 영업시간은 월요일부터 토요일 오전 9시 30분에서 오후 1시 30분까지, 그리고 오후 4시 30분부터 8시까지이다. 슈퍼마켓, 쇼핑센터, 백화점은 오전 10시부터 오후 9시 또는 10시까지 계속 열려 있다. 쇼핑센터들은 가끔 일요일에도 대중들에게 문을 연다. 약국은 일반적으로 오전 9시 30분에서 오후 1시 30분까지, 그리고 오후 4시 30분부터 8시까지 문을 여는데 어떤 약국들은 24시간 내내 영업을 하기도 한다.

참 혹은 거짓

답하세요.

1. 바와 카페는 정오에 문을 닫는다.
2. 백화점은 오전 8시 반에 문을 연다.
3. 작은 가게들은 점심시간에 문을 닫는다.
4. 슈퍼마켓은 일요일에 영업을 하지 않는다.

ANEXO

Lección 8: ¿Qué tiempo hace hoy?

이스파노아메리카, 라틴아메리카, 이베로아메리카

라틴아메리카와 이스파노아메리카 이베로아메리카? 이 명칭들은 동일해 보이지만 다른 의미에서 생겨났다. 그 의미를 살펴보자.

1. 라틴아메리카: 스페인, 프랑스, 포르투갈과 같이 라틴국가(라틴어에서 온 로만스어를 사용하는 국가)의 식민 지배를 받은 모든 나라.
2. 이베로아메리카: 스페인과 포르투갈의 속국이었던 나라들.
3. 이스파노아메리카: 스페인어를 사용하는 아메리카 대륙의 나라를 칭한다.

비록 라틴아메리카노, 이베로아메리카노, 이스파노아메리카노와 같은 용어가 미국에서 존재하지만 보통은 "라티노", "이스파노"라는 용어는 중남미에서 이민 온 사람들이나 스페인어를 하는 그들의 후손들을 지칭한다. 그러나 라티노, 이스파노라고 불리는 사람들은 스페인 사람, 멕시코 사람, 페루 사람, 엘살바도르 사람처럼 자신들이 출신인 나라 이름으로 불리는 것을 더 좋아한다.
또한 순수하게 지리적 명칭에서 온 용어도 있는데 그들을 칭하기 위하여 북아메리카, 중앙아메리카, 카리브해, 남아메리카 등 지리적 경계로 나눈다.
아메리카 대륙의 사람들을 출신지로 정의하려는 모든 용어들은 그들을 정확하게 정의하기에는 불충분하다.

참 혹은 거짓

답하세요.

1. 라티노 혹은 이스파노는 라틴아메리카에 사는 사람이다.
2. "이베로아메리카" 개념은 스페인도 포함한다.
3. 프랑스와 스페인은 라틴 국가이다.
4. 남미 사람들은 스페인어만 한다.

Lección 9: ¿Qué vas a hacer este fin de semana?

우리의 관습들

관광객은 항상 박물관이나 시장, 공원, 광장과 같이 그 나라에서 문화적으로 중요한 장소들을 방문한다. 또한 관광객들이 스페인어권 국가를 여행할 때 해야 할 것들에 대해 알아두는 것이 좋다. 여기 몇 가지 조언을 제공한다.

아르헨티나에서는 어떤 도시에서든지 바베큐, 꼬치 구이, 치즈를 맛봐야 한다. 또한 마테차와 말벡 포도주를 마셔 보아야 한다. 그리고 탱고 음악을 듣고 탱고 춤을 관람하는 것도 추천한다.

스페인에서는 적포도주와 상그리아를 마셔 보아야 하며, 파에야와 애저구이, 스페인식 토르티야를 먹어 보아야 한다. 또한 노천 까페에도 가 보아야 하며 플라멩코 무대의 음악과 춤을 듣고 관람해야 한다.

멕시코에서는 타코와 타말, 포솔레를 먹어 보아야 하며 테킬라와 매스칼을 시음해야 한다. 마리아치를 듣고 아름다운 해변에서 일광욕을 하면서 즐기기를 추천한다.

스페인어권 국가에서 부탁을 할 때는 항상 'por favor(제발)'와 'gracias(감사합니다)'라고 해야 한다. 일반적으로 'hola(안녕하세요)', 'buenos días(좋은 아침입니다)', 'buenas tardes(좋은 오후입니다)', 'bucnas noches(좋은 저녁입니다)'라고 인사한다. 사람들은 인사와 함께 모든 관광객을 기꺼이 도와준다.

참 혹은 거짓

답하세요.

1. 스페인에서는 따꼬를 먹어 보아야 한다.
2. 멕시코의 해변은 아름답다.
3. 인사는 매우 중요하다.
4. 관광객은 까페테리아에서 춤을 추고 노래한다.

Lección 10: Me gusta jugar al fútbol

스페인의 유명한 축제들

스페인은 대중적인 축제들과 페스티발로 인해 국제적으로 알려져 있는데, 이러한 축제들은 1년 내내 벌어진다. 부활절, 모든 성인의 축일, 크리스마스와 동방박사의 날과 같은 몇몇 축제들은 매우 전통적이며 종교적인 특성을 띠고 있다. 그러나 아주 다른 기원과 동기를 가진, 오래된 축제들과 현대적인 축제들 역시 존재한다.

La tomatina(토마토 축제)는 1945년에 시작된 축제이다. 이 축제에서는 참가자들이 수천 개의 토마토를 던지는 굉장한 전투가 이루어진다. 부뇰(발렌시아) 시청은 130톤 이상의 잘 익은 토마토를 참가자들에게 나눠주는데, 그들은 약 2시간 동안 서로에게 토마토를 던지며 그 도시의 거리를 붉게 물들인다.

Los Sanfermines(산 페르민 축제)는 팜플로나(나바라) 시의 축제이며 나바라 주의 수호성인인 산 페르민에게 봉헌된다. 이 축제는 7월 7일 시작되어 일주일 동안 지속되는데, 이 기간 동안 매일 "소 가두기(encierro)"와 "투우"가 진행된다. "소 가두기"를 할 때, 젊은이들은 소를 투우장으로 몰고 가기 위해 도시의 길을 따라 여러 마리의 소 앞이나 옆에서 달린다.

참 혹은 거짓

답하세요.

1. 스페인의 모든 축제는 종교적이다.
2. 라 토마티나는 스페인의 아주 오래되고 전통적인 축제이다.
3. 산 페르민 축제는 팜플로나에서 가장 유명한 축제이다.
4. 산 페르민 축제에서 오직 소들만 거리를 달린다.

초급 스페인어 1

연습문제 답안

Lección inicial

연습문제 1

1. aulas
2. clase
3. escuela
4. español
5. universidad
6. alumnos
7. estudiante
8. maestro

연습문제 2

1. Juan → jota, u, a, ene
2. Miguel → eme, i, ge, u, e, ele
3. José → jota, o, ese, e
4. Pedro → pe, e, de, erre, o
5. Cristina → ce, erre, i, ese, te, i, ene, a
6. Claudia → ce, ele, a, u, de, i, a
7. María → eme, a, erre, i, a
8. Alfonso → a, ele, efe, o, ene, ese, o
9. Ana → a, ene, a

연습문제 3

1. ciudad
2. iglesia
3. país (없음)
4. tierra
5. Asia
6. agua
7. Europa
8. aire
9. lengua
10. Uruguay
11. Paraguay
12. Ignacio

Lección 1

연습문제 1

1. Por la mañana

   A: Hola. Buenos días.

   B: Buenos días. / ¿Cómo está usted?

   A: Muy bien, Gracias. ¿Y usted?

   B: Bien, gracias. Hasta luego.

   A: Adiós.

2. Por la tarde

   A: Hola. Buenas tardes.

   B: Buenas tardes. / ¿Qué tal?

   A: Muy bien, Gracias. ¿Y tú?

   B: Así, así. (Más o menos. / Regular. 그 밖에 다른 표현도 가능) ¡Chao!.

   A: Chao./ Hasta pronto.

3. Por la noche

   A: Hola. Buenas noches.

   B: Buenas noches. ¿Cómo estás?

   A: No muy bien. (Estoy mal. / fatal.)

   B: ¿Qué pasa?

   A: Estoy resfriado/a. / cansado/a.

연습문제 2

A: ¿Cómo se llama usted?

B: Me llamo Min-su.

A: ¿Cuál es su apellido?

B: Es Lee.

A: ¿Cómo se escribe su nombre/apellido?

B: Eme-i-ene-ese-u, ele-e-e.

연습문제 3

1. A: Este/Esta es mi amigo/–a Cristina/Pedro.
   B: Encantado.
   C: Encantada.
2. A: Mire. Le presento al señor González.
   B: Mucho gusto.
   C: Igualmente.

연습문제 4

1. a, i, erre, ele, i, ene, e, siete, cuatro, arroba, hache, o, te, eme, a, i, ele, punto com
2. a, ene, te, o, ene, i, o, ele, o, pe, e, zeta, nueve, ocho, arroba, ye(i griega) a, hache, o, o, punto, e, ese
3. de, erre, e, a, eme, i, ene, ge, uno, cero, cero, cuatro, arroba, ge, eme, a, i, ele, punto com
4. uve doble, uve doble, uve doble, punto, de, i, ce, ce, i, o, ene, a, erre, i, o, punto com
5. cero, uno, cero, tres, cuatro, dos, cinco, nueve, ocho, siete, siete
6. cero, dos, ocho, ocho, cero, seis, uno, cinco, seis
7. cero, uno, cero, ocho, nueve, siete, seis, dos, tres, nueve, uno
8. cero, tres, uno, dos, cinco, cuatro, siete, ocho, nueve, tres

Lección 2

연습문제 1

el	bolígrafo	el	borrador	la	tiza	la	mochila
el	libro	el	cuaderno	la	pared	el	reloj
el	cartel	la	pantalla	la	mesa	el	escritorio
el	piso	la	silla	el	pupitre	el	techo
la	luz	la	ventana	la	puerta	el	mapa
el / la	estudiante	el	alumno	la	alumna	el	profesor
la	profesora	la	clase	el	aula	la	escuela
el	examen	el	diccionario	la	goma	la	regla
la	cartera	el	papel	la	pizarra	la	carpeta
la	computadora	el	ordenador	el	proyector		

연습문제 2

1. los bolígrafos 2. las alumnas 3. las ventanas
4. los libros 5. las mochilas 6. los borradores
7. los lápices 8. los cuadernos 9. las luces
10. los pupitres

연습문제 3

1. ¿Qué es esto? Es un libro.
2. ¿Qué es esto? Es un reloj.
3. ¿Qué es esto? Es una ventana.
4. ¿Qué es esto? Es una silla.
5. ¿Qué es esto? Es un lápiz.
6. ¿Qué es esto? Es una puerta.
7. ¿Qué es esto? Es una mesa.
8. ¿Qué es esto? Es una pared.

연습문제 5

1. catorce 2. veinte 3. diecinueve 4. once

연습문제 6 답은 교실 상황에 따라 다를 수 있음.

1. A: ¿Cuántas puertas hay en el salón de clase?
   B: Hay dos puertas.
2. A: ¿Cuántas luces hay en el salón de clase?
   B: Hay seis luces.
3. A: ¿Cuántas alumnas hay en el salón de clase?
   B: Hay treinta alumnas.
4. A: ¿Cuántos mapas hay en el salón de clase?
   B: Hay un mapa.
5. A: ¿Cuántas mesas hay en el salón de clase?
   B: Hay quince mesas.
6. A: ¿Cuántas ventanas hay en el salón de clase?
   B: Hay diez ventanas.
7. A: ¿Cuántas pizarras hay en el salón de clase?
   B: Hay una pizzara.
8. A: ¿Cuántos borradores hay en el salón de clase?
   B: Hay tres borradores.

연습문제 7

1. grande/larga
2. interesante/aburrido
3. fácil/difícil
4. moderna/nueva/antigua
5. simpáticos/inteligentes
6. guapas/altas/delgadas/rubias/morenas
7. inteligente/gordo/rubio/moreno
8. inteligente/alto

연습문제 8

1. El hombre es rico.
2. El chico es bueno.
3. El libro es interesante.
4. La mujer es baja.
5. La niña es pobre.
6. La planta es bonita.
7. La señorita es amable.
8. El niño es guapo.

연습문제 9

1. A: ¿De qué color es la pizarra?
   B: Es verde.
2. A: ¿De qué color es la tiza?
   B: Es blanca.
3. A: ¿De qué color es la pared?
   B: Es blanca / gris .
4. A: ¿De qué color es el tomate?
   B: Es rojo.
5. A: ¿De qué color es el sol?
   B: Es amarillo.
6. A: ¿De qué color es la planta?
   B: Es verde.
7. A: ¿De qué color es la nieve?
   B: Es blanca.
8. A: ¿De qué color es el chocolate?
   B: Es de color café.
9. A: ¿De qué color es el arco iris?
   B: Es rojo, naranja, amarillo, verde, azul, azul marino y violeta.

Lección 3

연습문제 1

1. eres	2. es	3. es	4. somos
5. sois	6. son	7. son	8. es

연습문제 2

1. A: ¿Qué haces? B: Soy profesor(a).
   A: ¿Dónde trabajas? B: Trabajo en la universidad.
2. A: ¿Qué haces? B: Soy escritor(a).
   A: ¿Dónde trabajas? B: Trabajo en la editorial.
3. A: ¿Qué haces? B: Soy camarera/o.
   A: ¿Dónde trabajas? B: Trabajo en el bar.
4. A: ¿Qué haces? B: Soy abogado/a.
   A: ¿Dónde trabajas? B: Trabajo en la oficina.
5. A: ¿Qué haces? B: Soy dependiente.
   A: ¿Dónde trabajas? B: Trabajo en la tienda.
6. A: ¿Qué haces? B: Soy secretaria/o.
   A: ¿Dónde trabajas? B: Trabajo en la empresa.
7. A: ¿Qué haces? B: Soy periodista.
   A: ¿Dónde trabajas? B: Trabajo en la agencia de noticias.
8. A: ¿Qué haces? B: Soy médico/a. / Soy enfermero/a.
   A: ¿Dónde trabajas? B: Trabajo en el hospital.
9. A: ¿Qué haces? B: Soy funcionario/a.
   A: ¿Dónde trabajas? B: Trabajo en el gobierno.
10. A: ¿Qué haces? B: Soy científico/a.
    A: ¿Dónde trabajas? B: Trabajo en el laboratorio.

연습문제 6

1. coreana	2. estadounidense	3. española	4. alemán
5. italiana	6. ruso	7. inglesa	8. francés

연습문제 7

A: ¿De dónde eres?

B: Soy colombiana.

A: ¿Qué lengua(s) hablan en Colombia?

B: Hablan español.

A: ¿Qué lengua(s) hablas?

B: Hablo inglés y español.

연습문제 9

1. Beethoven es músico. Es alemán.
2. Miguel de Cervantes es escritor. Es español.
3. Abraham Lincoln es presidente. Es estadounidense.
4. Shakespeare es escritor. Es inglés.
5. Fidel Castro es político. Es cubano.
6. Pablo Picasso es pintor. Es español.
7. Frida Kahlo es pintora. Es mexicana.
8. Plácido Domingo es cantante. Es español.

연습문제 10

Nombre	Min-Su
Apellidos	Kim
Nacionalidad	coreana
Estado civil	soltero
Profesión/Ocupación	estudiante universitario
Dirección	173-1, Nakseongdae-dong, Gwanak-gu, Seúl, Corea del sur
Código postal	151-851
Teléfono de casa	02-903-3456
Móvil	010-1234-3847
Correo electrónico	minsu1234@hotmail.com

1. A: ¿Cuál es tu nombre?
   B: Mi nombre es Min-su.
2. A: ¿Cuál es tu nacionalidad?
   B: Es coreana.
3. A: ¿Estás casado?
   B No, estoy soltero.
4. ¿Cuál es tu profesión?
   Soy estudiante.

Lección 4

연습문제 1

1. es	2. está	3. están	4. es
5. son	6. son	7. somos	8. está

연습문제 2

1. Yo estoy preocupado/a.
2. Tú estás alegre.
3. Mis padres están contentos.
4. El prefesor de español está ocupado.
5. La niña está enferma.
6. La señorita está nerviosa.
7. Ustedes están tristes.
8. Los médicos están cansados.

연습문제 4

1. La mesita está al lado de la cómoda/ la cama.
2. La cama está al lado de la mesita.
3. El armario está delante de la cama.
4. El gato está debajo de la mesa.
5. La lámpara está sobre la mesita.
6. La cómoda está a la izquierda de la puerta.
7. La estantería está enfrente del hombre.
8. El hombre está en el centro de la habitación.

연습문제 6

1. El bar está enfrente de la panadería.
2. El museo está al lado del estanco.
3. Sí, está enfrente de la tienda.
4. Sí, la escuela está cerca de la parada de autobús.
5. Sí, está al lado del colegio.
6. No, está cerca de la famacia.
7. Está frente a/enfrente de la papelería.
8. Está al lado del/a la derecha del museo.

연습문제 7

1. tiene	2. tenemos	3. tiene	4. tienes
5. tienen	6. tienen	7. tiene	8. tengo

연습문제 8 답은 각자 다를 수 있음.

1. A: ¿Cuántos años tienes?
   B: Tengo <u>veintitrés</u> años. Y, ¿tú? ¿Cuántos años tienes?
   A: Tengo <u>veinte</u> años.
   B: Eres <u>menor</u> que yo.

2. A: ¿Cuántos años tienes?
   B: Tengo <u>quince</u> años. Y, ¿tú? ¿Cuántos años tienes?
   A: Tengo <u>quince</u> años.
   B: Tenemos la misma edad.

연습문제 9

1. tengo, tengo 2. Tienes, tengo 3. está, Tiene 4. tengo, tengo
5. está 6. estoy, está 7. estamos, tenemos 8. tienes

연습문제 10

1. A: ¿Cuánto es nueve por once? B: Noventa y nueve.
2. A: ¿Cuánto es cuatro por cinco? B: Veinte.
3. A: ¿Cuánto es seis por tres? B: Dieciocho.
4. A: ¿Cuánto es nueve por cinco? B: Cuarenta y cinco.
5. A: ¿Cuánto es siete por nueve? B: Sesenta y tres.
6. A: ¿Cuánto es nueve por ocho ? B: Setenta y dos.

Lección 5

연습문제 1

1. nada, nado 2. toca, tocamos 3. estudio, estudian
4. hablamos, habla 5. tomo, tomas 6. baila, bailan
7. maneja, manejo 8. compramos, compráis

연습문제 2

1. leen 2. comen 3. comemos 4. lee
5. corre 6. comprendo 7. bebe 8. vendemos

연습문제 3

1. deciden 2. asiste 3. abrimos 4. recibe
5. viven, vivimos 6. escribo

연습문제 4

1. Yo trabajo en un restaurante.
   La camarera trabaja en una cafetería.
2. Usted estudia la lección seis.
   Juan y yo estudiamos la economía.
3. Yo bailo con Pablo.
   Cristina baila con Luis.
4. Nosotros aprendemos a bailar tango.
   Juan y María aprenden a manejar.
5. Los niños toman helado.
   Nosotros tomamos café.
6. Vosotros vivís en la ciudad.
   Vuestros padres viven en el campo.
7. Yo escribo una carta.
   Nosotros escribimos un correo electrónico.

연습문제 5

1. ¿Dónde vivís / viven ustedes?
2. ¿Qué tomas/ toma usted?
3. ¿Qué escribe Juan?
4. ¿Dónde aprenden inglés los alumnos?
5. ¿Qué compráis / compran ustedes?
6. ¿Cuándo miras tú / mira usted la televisión?

연습문제 7 답은 각자 다를 수 있음.

1. Tomo leche por la mañana.
2. Normalmente ceno pasta.
3. Comemos tarde.
4. Vivo en Seúl.
5. No, leo pocos libros.
6. No, no escucho música cuando estudio.
7. Tomo el metro para ir a casa.
8. Sí, hablo mucho por teléfono.

연습문제 8

1. Trabajo en un hospital.
2. Bebo agua.
3. Los alumnos estudian francés.
4. Normalmente leemos unas revistas.
5. Estudiamos inglés.
6. Compro unos libros.
7. Estoy en la clase de español.
8. Tocan la guitarra.

연습문제 9

1. No, no hablo ruso.
2. No, no vivo con mis padres.
3. No, no aprendemos matemáticas.
4. No, no como mucho fuera de casa.
5. No, no limpio mi habitación todos los días.
6. No, no bebemos mucha cerveza.
7. No, no uso mucho Internet.
8. No, no toco la guitarra.

연습문제 10

1. Cuando estoy aburrido, charlo con un buen amigo o miro la televisión.
2. Cuando tengo hambre, como mucho y tomo un refresco.
3. Cuando estoy triste o preocupado, escucho música y llamo a un amigo.
4. Cuando tengo prisa, corro rápidamente.
5. Cuando tengo dolor de cabeza, tomo una aspirina y descanso en casa.

Lección 6

연습문제 1

1. Estas	2. esto	3. Estos
4. Esta	5. Este	6. Esta

연습문제 2

1. eso	2. esos	3. Esas
4. Esos	5. Esas	6. Ese

연습문제 3

1. Aquellos 2. Aquellos 3. Aquella
4. aquel 5. Aquel 6. Aquellos

연습문제 4

1. esta 2. ese, Este 3. estas, Estas, aquellas
4. Esta, aquella 5. Estos, aquellas

연습문제 5

1. tu , Mi 2. Tu, mi ,sus 3. Su
4. tus, Mis 5. Mi, sus 6. Mi, mi

연습문제 6

1. Las tuyas están sobre la mesa.
2. Mis padres son colombianos y los suyos, argentinos.
3. Juan compra mi entrada y la tuya.
4. ¿Dónde están los tuyos?
5. ¿Tiene usted su cartera o la mía?
6. Yo tengo mis libros, pero Susana no tiene los suyos.

연습문제 7

1. mía, tuya 2. suyos. 3. suyo, mío
4. nuestros. 5. nuestro. 6. suyas.

연습문제 9

1. Antonio, Isabel 2. hijos 3. abuela, nieto 4. primos
5. tía 6. hermano 7. Carlos, Pablo 8. tía

Lección 7

연습문제 1

1. Son las tres.
2. Son las cuatro y dos.
3. Son las once.
4. Son las doce menos cinco.

연습문제 2

¿Qué hora es en Madrid? Son las ocho menos cuarto de la tarde.

¿Qué hora es en Londres? Son las seis y media de la tarde.

¿Qué hora es en París? Son las nueve menos diez de la noche.

¿Qué hora es en Moscú? Son las once y diez de la noche.

¿Qué hora es en Los Ángeles? Son las nueve y cuarenta (/diez menos veinte) de la mañana.

¿Qué hora es en Bogotá? Son las diez menos cinco de la mañana.

¿Qué hora es en Buenos Aires? Son las doce y veinticinco de la tarde.

¿Qué hora es en México D.F? Son las dos y treinta y cinco de la tarde.

¿Qué hora es en Nueva York? Son las tres y cuarenta (/cuatro menos veinte) de la tarde.

¿Qué hora es en Chicago? Es la una y media de la tarde.

연습문제 3

¿A qué hora es la función de flamenco? - Es a las siete y media de la tarde.

¿A qué hora es la función de tango? - Es a las ocho y cuarto de la tarde.

¿A qué hora es la presentación de película "La Mala Educación"? - Es a las diez de la noche.

¿A qué hora es la presentación de película "Avatar? - Es a las nueve y cuarenta y cinco de la noche/ a las diez menos cuarto de la noche.

¿A qué hora es el concierto de música clásica? - Es a las seis y media de la tarde.

¿A qué hora es el concierto de música pop? - Es a las cuatro y veinte de la tarde.

연습문제 4

1. piensas, Pienso
2. piensa, Pienso
3. Cierran, cierran
4. Entiendes, entiendo
5. Quieres, Prefiero
6. quieres, quiero
7. quieren, Queremos
8. siento

연습문제 7

1. ¿Cuánto cuesta el celular? Cuesta doscientos treinta y cinco euros y/con setenta y cuatro céntimos.
2. ¿Cuánto cuestan las gafas de sol? Cuestan ciento cinco euros y/con veintiún céntimos.
3. ¿Cuánto cuesta el cinturón de cuero? Cuesta ochenta y nueve euros y/con noventa y nueve céntimos.
4. ¿Cuánto cuesta el coche? Cuesta nueve mil novecientos dólares.
5. ¿Cuánto cuesta el bolso de piel? Cuesta doscientos ochenta y nueve dólares y/con noventa y nueve centavos.
6. ¿Cuánto cuesta la bicicleta? Cuesta nueve mil ochocientos setenta y cinco pesos.
7. ¿Cuánto cuesta el ordenador? Cuesta mil quinientos noventa y nueve pesos.
8. ¿Cuánto cuestan los zapatos? Cuestan siete mil novecientos pesos.

연습문제 8

1. ¿Cuándo es el Día de los niños? - Es el 5 de mayo.
2. ¿Cuándo es Nochevieja? - Es el 31 de diciembre.
3. ¿Cuándo es el Día de los Reyes Magos? - Es el 6 de enero.
4. ¿Cuándo es el Día de los Enamorados? - Es el 14 de febrero.
5. ¿Cuándo es el Día de los Padres? - Es el 8 de mayo.
6. ¿Cuándo es el Día de los Maestros? - Es el 15 de mayo.
7. ¿Cuándo es el Día de Independencia en tu país? - Es el 15 de agosto.
8. ¿Cuándo es Nochebuena? - Es el 24 de diciembre.

연습문제 10

1. ¿Cuándo es el cumpleaños de Luis? Es el veintinueve de diciembre.
2. ¿Cuándo es el cumpleaños de Marisa? Es el veintiséis de mayo.
6. ¿Cuándo es la fecha de nacimiento de Josefa? Es el quince de junio de mil novecientos noventa y nueve.
7. ¿Cuándo es la fecha de nacimiento de Mario? Es el cinco de julio de dos mil uno.

연습문제 11

P.ej) En mi cumpleaños salgo con los amigos por la tarde y ceno con la familia, pero a veces me quedo en casa y como el pastel. Invito a muchos amigos y recibo muchos regalos.

Lección 8

연습문제 1

1. almuerzan, almuerzan
2. cuesta, cuesta
3. Recuerdas, recuerdo
4. Puedes, puedo
5. vuelves, Vuelvo
6. sueles, Suelo
7. Duermes, duermo
8. Llueve, llueve

연습문제 2

1. piden, Piden
2. sirve, Sirve
3. Seguimos
4. repiten, repite, Sigue
5. mides, Mido

연습문제 3

1. vemos
2. Ves, veo
3. vemos, vemos
4. doy
5. damos
6. das, doy

연습문제 4

1. vienes, vengo, vengo
2. Dice, digo
3. Oyes, oigo
4. sales, Salgo
5. ponen, Ponemos
6. traes, traigo
7. haces, Hago

연습문제 5

1. Hace sol.
2. Hace viento.
3. Llueve.
4. Está nublado.
5. Nieva.
6. Hace frío.
7. Hace calor.
8. Hace buen tiempo.

연습문제 6

1. A: ¿Qué estación es en Corea en septiembre?
   B: En septiembre en Corea es otoño.
2. A: ¿Qué estación es en Australia en junio?
   B: En junio en Australia es invierno.
3. A: ¿Qué estación es en Perú en diciembre?
   B: En diciembre en Perú es verano.

4. A: ¿Qué estación es en Argentina en abril?
   B: En abril en Argentina es otoño.
5. A: ¿Qué estación es en Rusia en enero?
   B: En enero en Rusia es invierno.
6. A: ¿Qué estación es en Francia en mayo?
   B: En mayo en Francia es primavera.
7. A: ¿Qué estación es en España en noviembre?
   B: En noviembre en España es invierno.
8. A: ¿Qué estación es en Nueva Zelanda en agosto?
   B: En agosto en Nueva Zelanda es invierno.

연습문제 8

1. ¿Qué quieres para tu cumpleaños? → Quiero una computadora.
   ¿Cuánto cuesta una computadora? → Cuesta un millón doscientos setenta mil wones.
2. ¿Qué quieres para tu cumpleaños? → Quiero una bicicleta.
   ¿Cuánto cuesta una bicicleta? → Cuesta doscientos cincuenta mil wones.
3. ¿Qué quieres para tu cumpleaños? → Quiero una moto.
   ¿Cuánto cuesta una moto? → Cuesta cinco millones de wones.
4. ¿Qué quieres para tu cumpleaños? → Quiero un coche nuevo.
   ¿Cuánto cuesta un coche nuevo? → Cuesta treinta millones de wones.
5. ¿Qué quieres para tu cumpleaños? → Quiero una cámara digital.
   ¿Cuánto cuesta una cámara digital? → Cuesta trescientos cuarenta mil quinientos wones.
6. ¿Qué quieres para tu cumpleaños? → Quiero un televisor.
   ¿Cuánto cuesta un televisor? → Cuesta dos millones quinientos mil wones.
7. ¿Qué quieres para tu cumpleaños? → Quiero un equipo de música.
   ¿Cuánto cuesta un equipo de música? → Cuesta ochocientos veintitrés mil wones.

연습문제 9

1. ¿Cuántos habitantes tiene Seúl? → Tiene unos once millones.
2. ¿Cuántos habitantes tiene Nueva York? → Tiene alrededor de ocho millones.
3. ¿Cuántos habitantes tiene Londres? → Tiene casi siete millones quinientos mil.
4. ¿Cuántos habitantes tiene París? → Tiene menos de dos millones doscientos mil.
5. ¿Cuántos habitantes tiene Buenos Aires? → Tiene más de dos millones setecientos mil.
6. ¿Cuántos habitantes tiene México, D.F.? → Tiene aproximadamente ocho millones setecientos mil.
7. ¿Cuántos habitantes tiene Tokio? → Tiene más o menos ocho millones setecientos mil.
8. ¿Cuántos habitantes tiene Pekín? → Tiene unos quince millones doscientos mil.

연습문제 10

1. Hay que tener el visado para viajar a los EE.UU.
2. Hay que comprar una entrada para ir al concierto.
3. Hay que practicar para hablar bien.
4. Hay que tomar el taxi para llegar a tiempo a la reunión.
5. Tú tienes que estudiar mucho para tener buenas notas.
6. Nosotros tenemos que correr para no perder el autobús.

연습문제 11

1. Sí, puedes ir al servicio durante la clase.
   No, no puedes ir al servicio durante la clase.
   No, no debes ir al servicio durante la clase.
2. Sí, puedes hacer preguntas durante el examen.
   No, no puedes hacer preguntas durante el examen.
   No, no debes hacer preguntas durante el examen.
3. Sí, puedes comer algo en la clase.
   No, no puedes comer nada en la clase.
   No, no debes comer nada en la clase.
4. Sí, puedes sacar fotos en el museo.
   No, no puedes sacar fotos en el museo.
   No, no debes sacar fotos en el museo.
5. Sí, tienes que llamarme mañana por la mañana.
   No, no tienes que llamarme mañana por la mañana.
6. Sí, tienes que llevar regalos para los niños.
   No, no tienes que llevar regalos para los niños.
7. Sí, tienes que llevar tu carné de identidad.
   No, no tienes que llevar tu carné de identidad.
8. Sí, tienes que llamar a otros amigos.
   No, no tienes que llamar a otros amigos.

Lección 9

연습문제 6

1. usted
2. conmigo
3. ti
4. ustedes
5. ellas
6. ti

연습문제 7

1. lo
2. lo
3. lo
4. las
5. la
6. lo

연습문제 8

1. La quiero comer. / Quiero comerla.
2. Lo voy a leer. / Voy a leerlo.
3. Lo pienso comprar./ Pienso comprarlo.
4. ¿Lo quieres ver? / ¿Quieres verlo?
5. Juan los/les va a invitar. / Juan va a invitarlos/les.
6. Los niños la deben hacer. / Los niños deben hacerla.
7. Los/les quiero visitar. / Quiero visitarlos/les.

연습문제 9

1. El profesor Kim me enseña la lección. / Me la enseña.
2. El dependiente le entrega la bolsa. / Se la entrega.
3. Ana os presta las gafas de sol. / Os las presta.
4. El camarero te sirve el café. / Te lo sirve.
5. Ustedes no le muestran sus trabajos. / No se los muestran.
6. El profesor nos da las tareas. / Nos las da.
7. Carmen les regala los vestidos. / Se los regala.
8. Los carteros no les traen la caja. / No se la trae,

연습문제 10

1. Sí, me la regala.
2. Sí, la quiero estudiar.
3. Sí, se lo voy a devolver.
4. Sí, se los va a repartir.
5. Sí, se lo puede prestar.
6. Sí, se los vendo.

Lección 10

연습문제 1

1. ¡Cuánto duerme Juan!
2. ¡Cuántos libros tiene la biblioteca!
3. ¡Qué bonita es aquella rosa! / ¡Qué rosa tan bonita!
4. ¡Qué cansado estoy!
5. ¡Qué bien pronuncia Manolo el coreano!
6. ¡Qué grande es este apartamento! / ¡Qué apartamento tan grande!
7. ¡Cuántas alumnas hay en esta clase!
8. ¡Qué frío tengo!

연습문제 4

1. A Juan le gusta el vino blanco.
2. A las chicas les gustan las películas de amor.
3. A ti te gusta este modelo.
4. A nostros nos gusta español.
5. A ustedes les gusta el ciclismo.
6. A mis amigos les gusta la comida italiana.

연습문제 9

1. ¿Sabe usted 2. ¿Conoce usted 3. ¿Sabe usted
4. ¿Sabe usted 5. ¿Sabe usted 6. ¿Sabe usted
7. ¿Conoce usted 8. ¿Conoce usted

연습문제 10

1. claramente 2. Afortunadamente
3. solamente 4. especialmente
5. Generalmente 6. Seguramente
7. perfectamente 8. Probablemente